apprendre… Step By Step … en réalisant

19 EXERCICES POUR DÉBUTER AVEC PHOTOSHOP ELEMENTS

ATELIER N°1 COLLECTIF

Oracom Éditions

168 bis - 170 rue Raymond Losserand 75014 Paris
Tél. : 01 44 78 98 38 / Fax. : 01 44 78 97 70

Auteurs Collectif
Éditrice Sylvie Valentin
Directrice de collection Stéphanie Guillaume
Directrice artistique Clotilde Chevalier
Maquettiste Vincent Lever
Correcteur Nicandro Cocozza

ISBN : 978-2-3614-5024-3

Image de couverture : Sébastien Marchand
Crédits photos : tous droits réservés.

SOMMAIRE

SOMMAIRE EN IMAGES

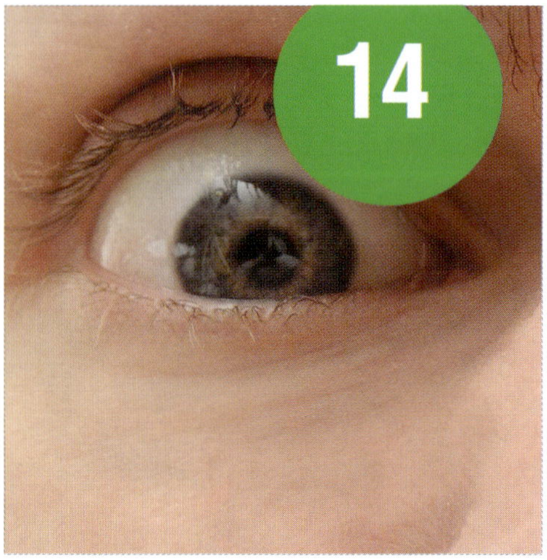

82

66

40

18

36

78

44

74

62

315 W
Professional
HAIR BRAIDING
BEAUTY SUPPLY
86

REMERCIEMENTS

Nous remercions tous les auteurs de cet ouvrage et les équipes d'Adobe, Ketchum et Fotolia.

INTRODUCTION

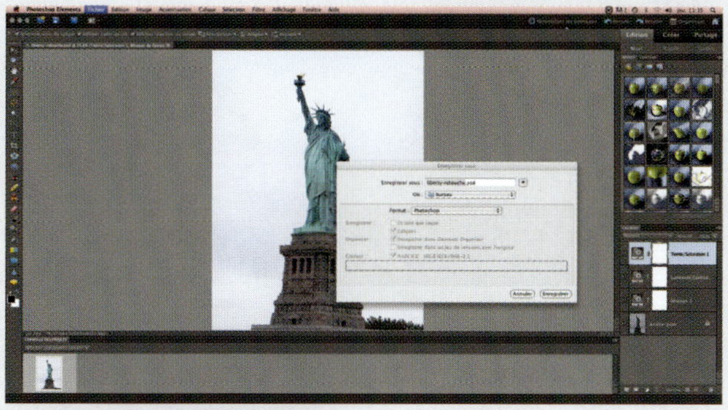

MAQUILLAGE FÉERIQUE

Illuminez un œil avec des techniques de maquillage.

01 POUR COMMENCER

02 ŒIL – VIOLET

03 ŒIL – BLEU

Qu'est-ce que Photoshop Elements

Souvent présenté comme le petit frère de Photoshop, Elements est un logiciel à part entière. Il répond à un besoin bien précis, ou plutôt à un public bien précis : les non-professionnels. Photoshop Elements dispose des outils de base nécessaires pour la retouche photo, mais aussi de nombreuses automatisations pour réaliser des diaporamas, des livres, etc., comme vous le verrez dans cet ouvrage.

Que trouve-t-on dans ce livre ?

Ou plutôt que n'y trouve-t-on pas ? Vous n'aurez pas ici un manuel technique vous expliquant tous les outils disponibles. Vous découvrirez le logiciel d'une façon bien plus agréable et pratique : en réalisant pas à pas des exercices concrets écrits par des utilisateurs confirmés du logiciel. Ils vous donneront toutes les ficelles pour créer des images en quelques clics, très simplement.

Et quoi d'autre ?

Un CD accompagne le livre, sur lequel vous trouverez la plupart des éléments qui vous seront utiles pour refaire les exercices. Lorsqu'un tutoriel n'a pas de fichier d'exercice, c'est qu'il peut être réalisé avec n'importe quelle photo de votre collection personnelle.

EFFET DE DESSIN

Utilisez les outils de Photoshop Elements pour réaliser un dessin à partir d'une photo.

Step By Step

Gauthier Marchal

Gauthier est étudiant à l'école EMC. Il est designer graphique freelance. gauthiermarchal.com

Dans ce tutoriel, nous allons utiliser une série de filtres afin de transformer une simple photo en une illustration s'apparentant à un dessin fait au crayon de couleur. L'effet est très simple, il suffit de suivre nos indications pas à pas.

01 OUVRIR LA PHOTO

Lancez le logiciel Photoshop et ouvrez la photo que vous souhaitez modifier, afin de lui donner l'aspect d'une vignette de bande dessinée. Toutes les photos ne se prêteront pas forcément à ce type d'effet. Veillez idéalement à ce qu'elle contienne des éléments aux contours marqués par exemple et des zones assez contrastées.

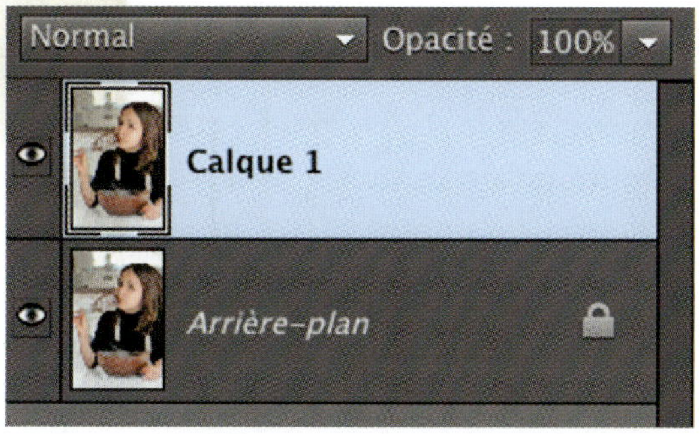

02 DUPLIQUER LE CALQUE

Dupliquez le calque "Arrière-plan" :

- soit en utilisant le menu Calque> Dupliquez le calque ;
- soit en utilisant le raccourci Ctrl/Cmd+J ;
- soit en glissant/déposant le calque sur l'icône Créer un nouveau calque, tout en bas à gauche du panneau des calques.

03 FLOU OPTIMISÉ

Depuis la barre de menu, choisissez Filtre> Flou> Flou optimisé. Dans la fenêtre qui s'ouvre, réglez les paramètres ainsi :

- le Rayon à 100 ;
- le Seuil à 100 ;
- la qualité sur Élevée ;
- le mode sur Contour seul.

Et validez.

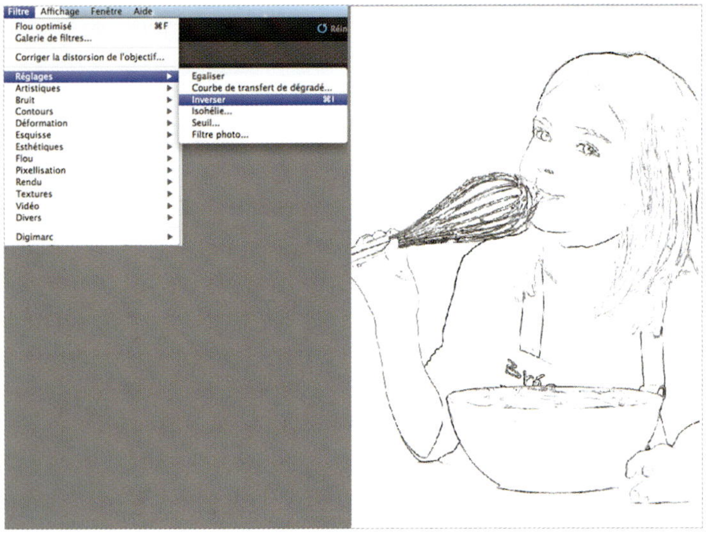

04 INVERSER LES COULEURS

Sur le calque actif, faites Filtre> Réglages> Inverser ou utilisez le raccourci Ctrl/Cmd+I pour inverser les couleurs.

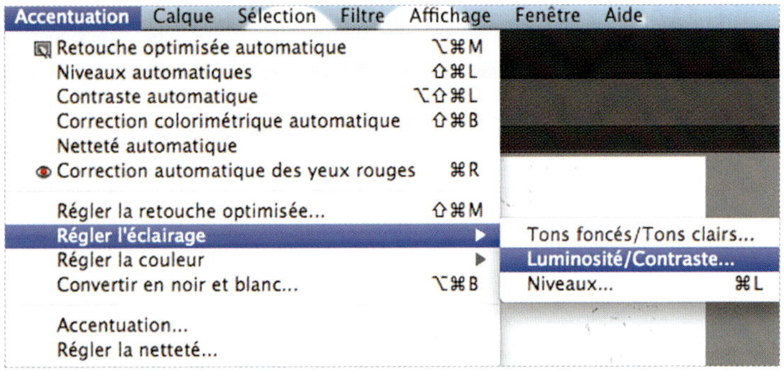

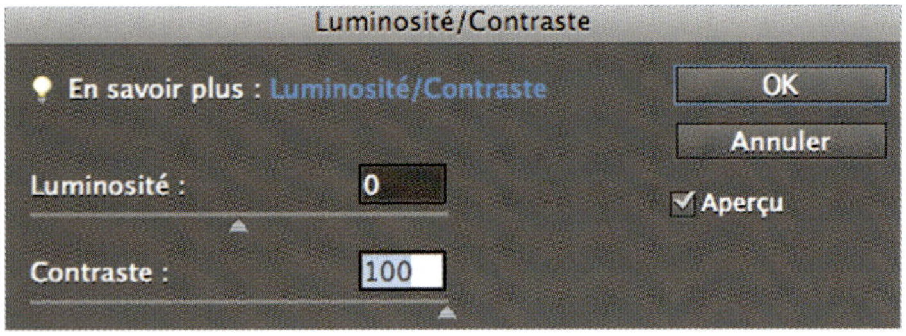

05 LUMINOSITÉ/CONTRASTE

Toujours sur le même calque, nous allons pousser le contraste au maximum. Faites Accentuation> Régler l'éclairage> Luminosité/Contraste. Glissez le curseur de Contraste à 100 et validez.

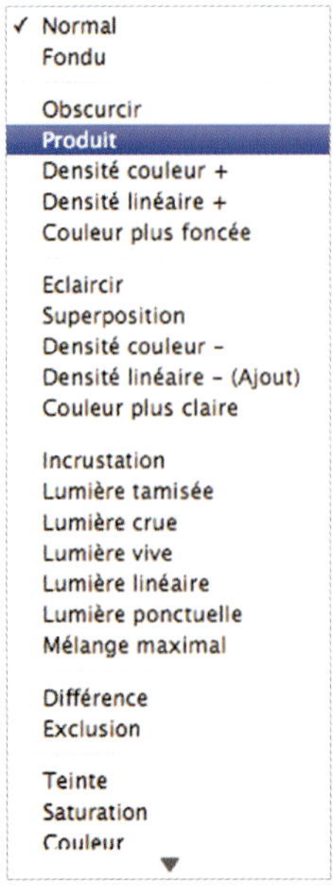

06 PRODUIT

Dans le panneau Calques, modifiez le mode de fusion du calque (celui que nous avons modifié jusqu'à présent) et choisissez Produit. Ce mode de fusion va supprimer les valeurs claires des couleurs et les rendre transparentes.

07 CRAYON DE COULEUR

Dupliquez le calque "Arrière-plan" à nouveau et appliquez-lui un Filtre> Artistique> Crayon de couleur (ici j'ai réglé à 4 en Épaisseur, 8 en Pression et 50 pour la Clarté du papier).

08 DÉCOUPAGE

Avec l'étape précédente, on obtient un début de couleur que nous allons accentuer en dupliquant à nouveau le calque "Arrière-plan" et en lui appliquant Filtre> Artistique> Découpage, que j'ai réglé pour ma part de la manière suivante : 8 en Niveaux, 8 en Simplicité et 3 en Fidélité (les réglages varient selon la photo à traiter). Faites OK et changez le mode de fusion pour Saturation.

09 PRODUIT

Vous obtenez un rendu proche de la réalité traditionnelle. Ici, pour terminer, j'ai ajouté un calque vierge en mode Produit au-dessus du précédent. Avec le Pinceau, j'ai ajouté de la couleur au sweat.

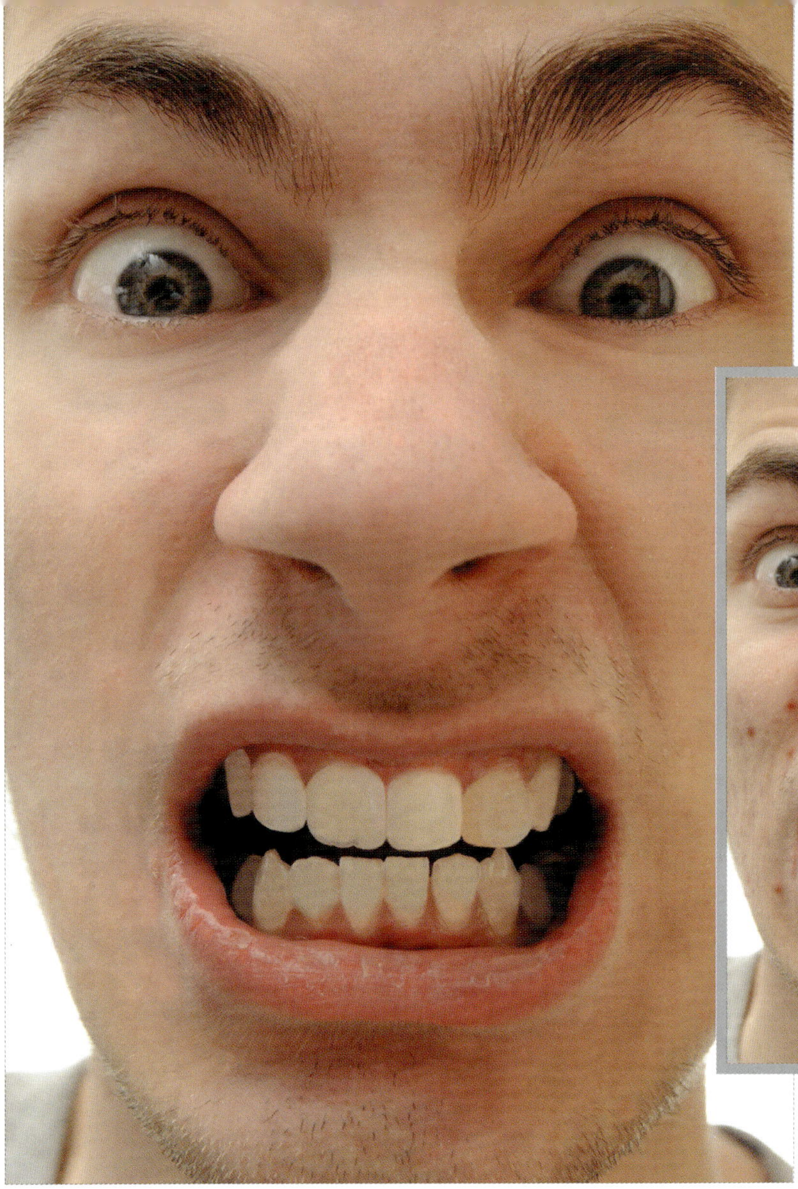

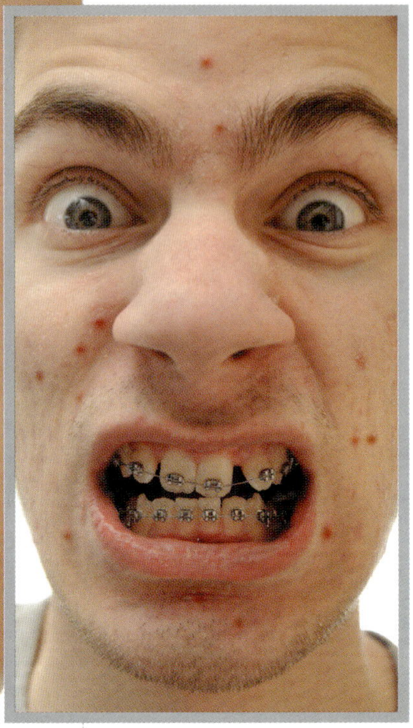

IMPERFECTIONS DE LA PEAU

Comment faire peau neuve lorsque l'âge ingrat nous immortalise avec la peau grasse, des boutons d'acné, des dents tordues…

Grâce aux outils Correcteur, Tampon de duplication et un minimum de peinture, nous gommerons les imperfections sur un visage sans en altérer la personnalité.

Step By Step

Laura Csajagi
est une jeune Illustratrice romantique, spécialisée dans la fantasy et le merveilleux. Elle évolue sur divers projets à travers l'édition, la publicité et le jeu vidéo. N'hésitez pas à aller jeter un œil sur son site www.laurart.book.fr pour y découvrir son travail.

SUR LE CD
Vous trouverez sur le CD la photo de base en haute définition ainsi que la version .psd avec les calques.

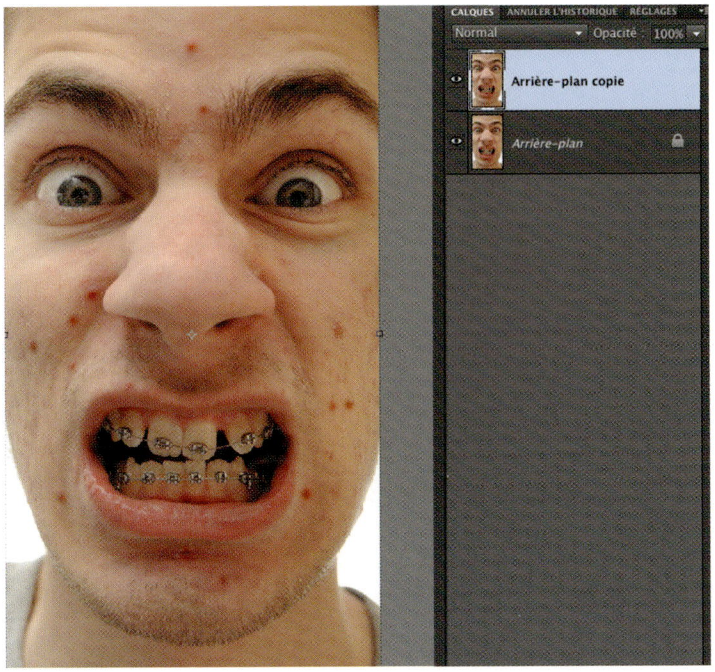

01 POUR COMMENCER

Ouvrez votre image dans Photoshop Elements.

Dupliquez le calque en faisant un clic droit sur la vignette dans le panneau Calques> Dupliquer le calque.

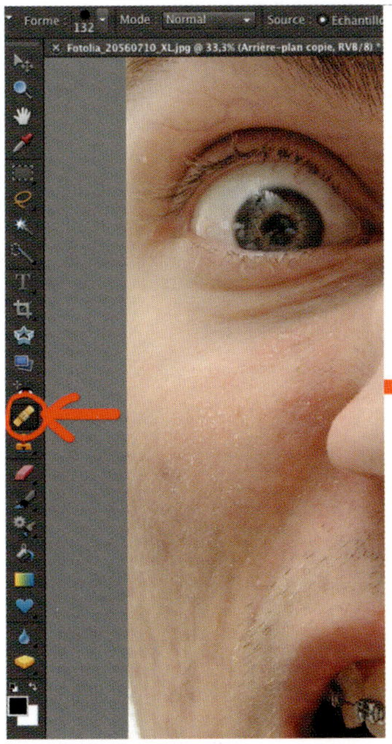

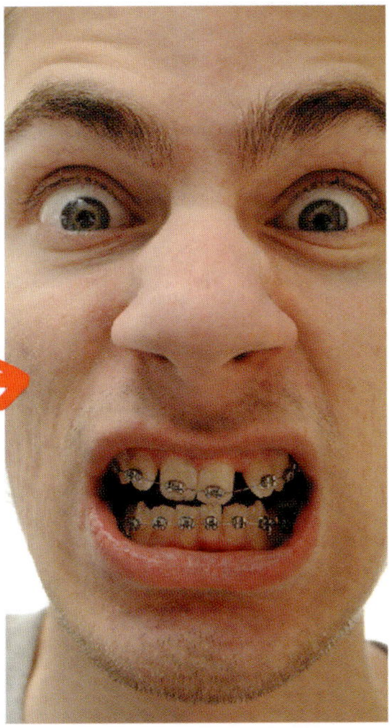

02 L'OUTIL CORRECTEUR

Sélectionnez l'outil Correcteur dans la barre d'outils (J). L'icône ressemble à un pansement. Attention de ne pas confondre avec le correcteur localisé ! L'outil Correcteur est très utile pour les retouches, car il copie les pixels d'une zone pour les recoller sur une autre en mélangeant parfaitement les contours avec les pixels environnants. Celai, afin de mieux intégrer la retouche. Pour l'utiliser, il faut d'abord définir la zone qui servira de modèle avec la touche Alt+clic, relâchez puis passez le correcteur avec un clic droit normal sur les zones à camoufler. Sur l'exemple, prendre comme référence une zone sans problème pour la recoller par-dessus une autre zone avec un bouton. Nettoyez ainsi le visage de tous ses boutons, grossièrement, en faisant Alt+clic sur autant d'endroits que nécessaire.

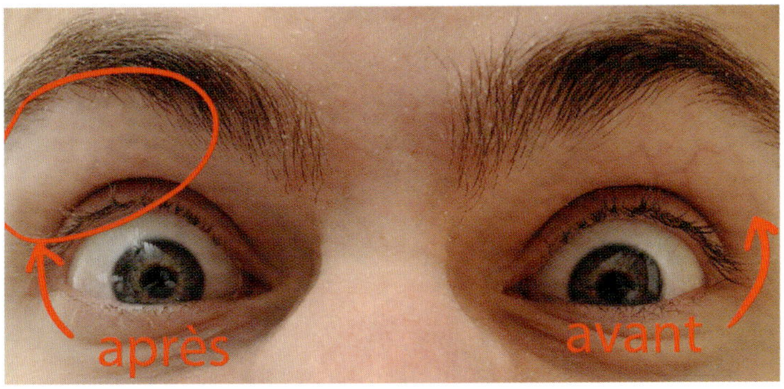

03 LES VEINES

Effacez les veines au-dessus des yeux en utilisant ce même procédé. La peau est maintenant nettoyée de ses plus grosses imperfections.

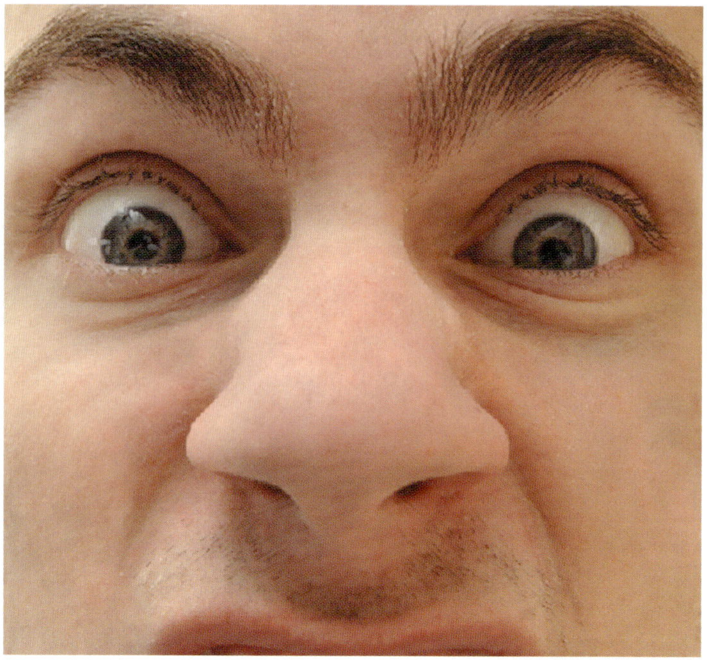

04 PEAUFINAGE

Armez-vous de nouveau de votre outil Correcteur et repassez une seconde fois sur les zones de la peau qui comportent des irrégularités, en vous servant comme références de zones saines pour échantillonner (Alt+clic).

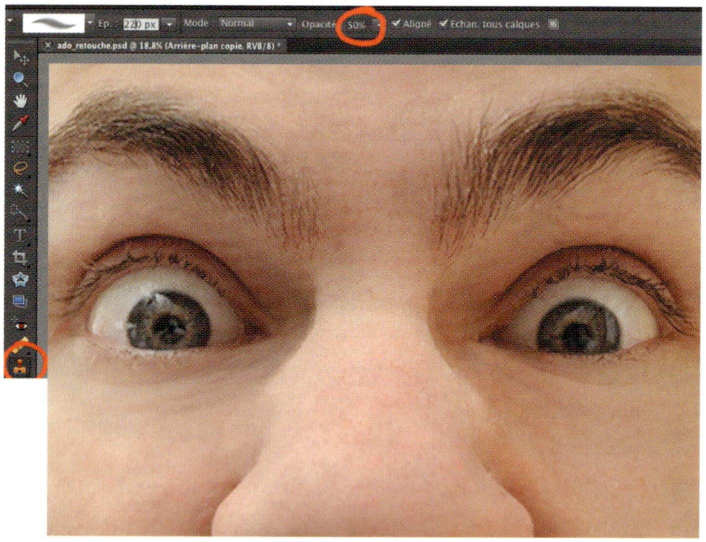

05 EFFACER LES CERNES

Pour effacer les cernes et les plis sous les yeux, utilisez l'outil Tampon de duplication (S).

Il fonctionne exactement comme l'outil Correcteur, à défaut qu'il ne détecte pas automatiquement les pixels environnants. Si on utilisait l'outil Correcteur aussi près de l'œil, la retouche mélangerait la peau et les yeux et donnerait une zone floue. Pour avoir un effet naturel, choisissez un Tampon à bords flous, baissez l'Opacité à 50 %, sélectionnez une zone saine comme précédemment, avec Alt+clic, puis passez une ou deux fois sur les plis, cernes et rides. Ils seront camouflés mais pas totalement effacés, afin de garder un aspect naturel.

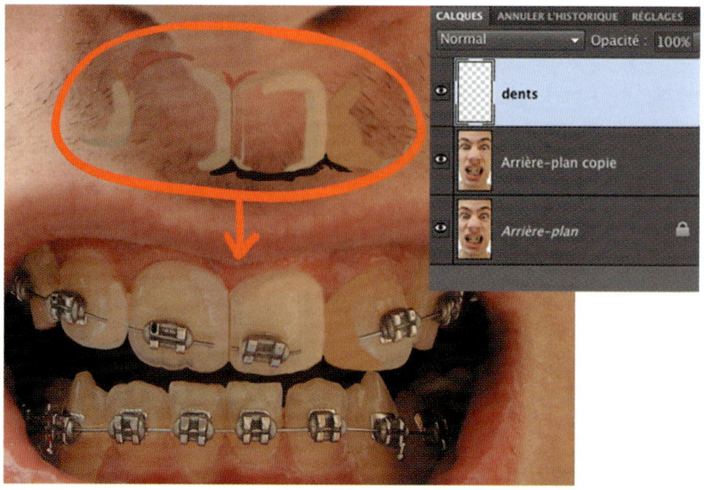

06 LES DENTS 1/3

Pour donner un aspect droit aux dents de la bouche, il va falloir dessiner un peu. Pour commencer, créez un nouveau calque, renommez-le "dents". Puis sélectionnez un Pinceau ordinaire à 100 % d'Opacité, utilisez la Pipette dans la barre d'outil (Alt) pour échantillonner les couleurs et tracez le contour des dents à modifier. Pour fondre un minimum votre retouche avec les vraies dents, troquez votre Pinceau contre un autre à bord flou.

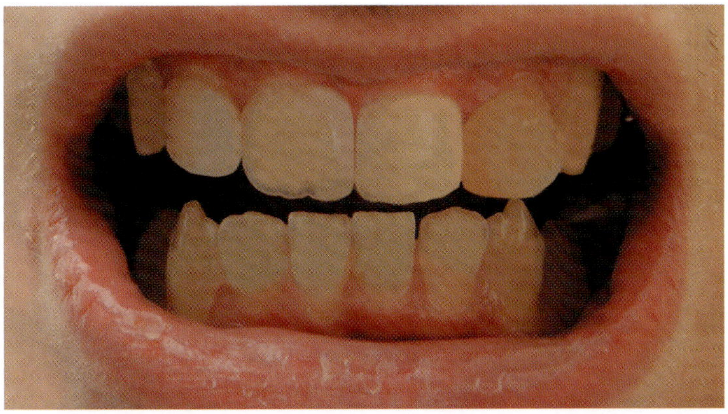

07 LES DENTS 2/3

Pour un résultat parfait, utilisez un Pinceau avec 50 % d'Opacité et l'outil Tampon pour faire disparaître l'appareil. Comme précédemment, utilisez des morceaux de dents sans appareil comme sources.

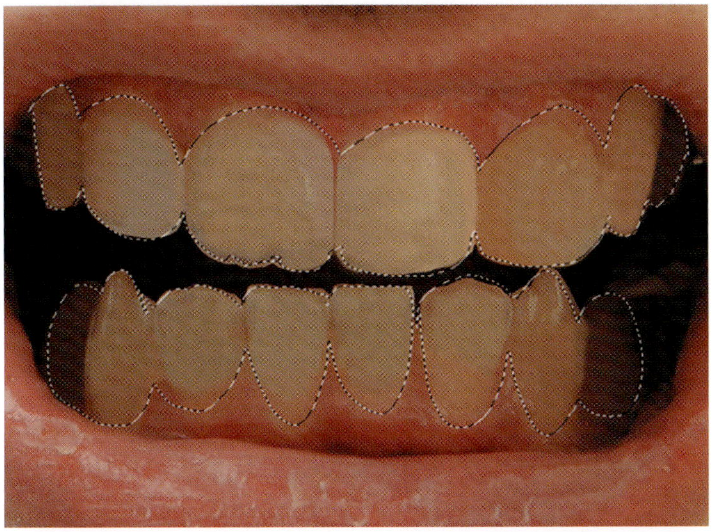

08 LES DENTS 3/3

Pour blanchir un peu les dents, sélectionnez-les avec le Lasso. Maintenez la touche Maj enfoncée pour ajouter des zones et Alt pour en enlever. Créez ensuite un calque de réglage des Niveaux, en faisant Calques> Nouveau calque de réglage> Niveaux ou cliquez sur le symbole du yin et du yang dans le panneau Calques. Réglez ainsi : 0, 1,45, 255. Pour un résultat naturel, peignez en noir ou blanc avec un Pinceau à bord flou dans le masque associé au calque de Niveaux. Le carré en noir et blanc symbolise les zones sélectionnées sur lesquelles va s'appliquer le réglage. Vous remarquerez que le blanc sélectionne et que le noir désélectionne.

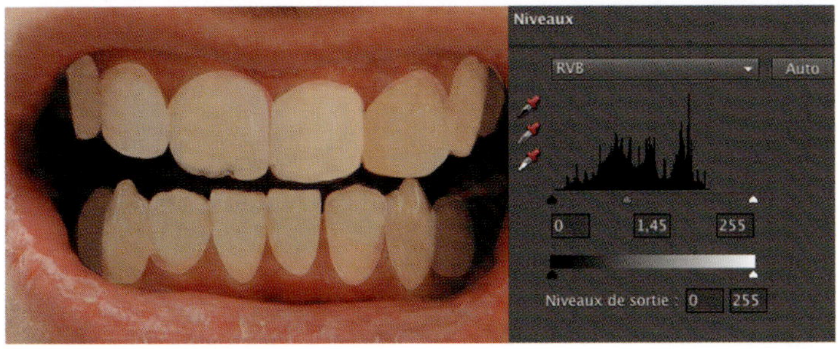

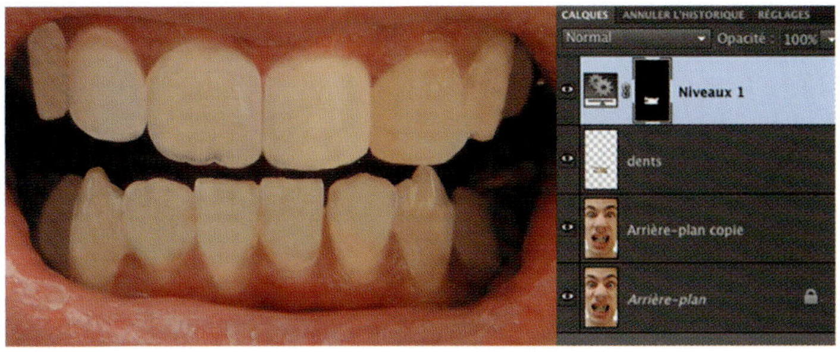

09 ENREGISTRER

Enregistrer l'image en cliquant sur Fichier> Enregistrer. Choisissez Format Photoshop pour conserver tous les calques. Pour enregistrer une copie aplatie dans un format beaucoup moins lourd, cliquez sur Enregistrer sous (Ctrl/Cmd+Maj+S) et choisissez le format .jpg. Une fenêtre s'ouvre alors. Dans Options d'image, choisissez Qualité moyenne, puis OK.

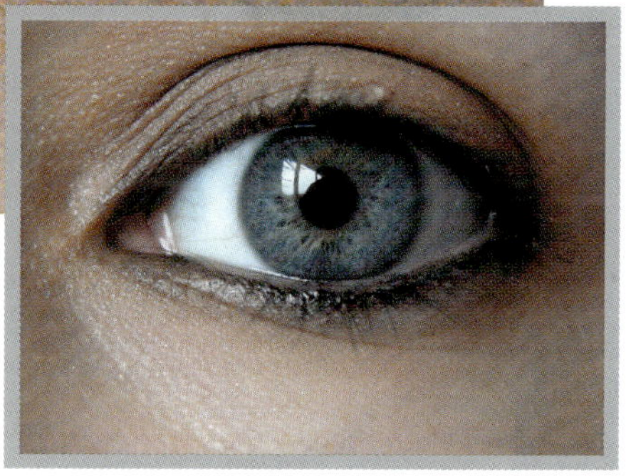

MAQUILLAGE FÉÉRIQUE

Illuminez un œil avec des techniques de maquillage.

Sébastien Marchand
alias Thenti, est un jeune artiste de 19 ans vivant à Lyon. Il découvre Photoshop il y a quatre ans. Depuis, il parfait sa maîtrise du logiciel et s'est spécialisé dans la retouche photographique.

SUR LE CD
Vous trouverez sur le CD le fichier .psd avec tous les calques et le lien de l'image de départ.

N'avez-vous jamais remarqué? Les publicités dans les revues de presse regorgent de mannequins aux regards sublimes et éclatants. Bien évidemment, tout cela est plus ou moins faux, les logiciels de retouche faisant merveille dès qu'il s'agit de mettre en valeur tel ou tel élément.
Ici, vous allez apprendre à retoucher la photographie d'un œil. Nous allons ajouter du maquillage et illuminer l'ensemble pour attirer le regard. Ce tutoriel est destiné à vous faire acquérir de solides bases. N'hésitez pas à sortir des sentiers battus afin de créer votre propre style. Car il n'y a rien de pire que recopier le style des autres.

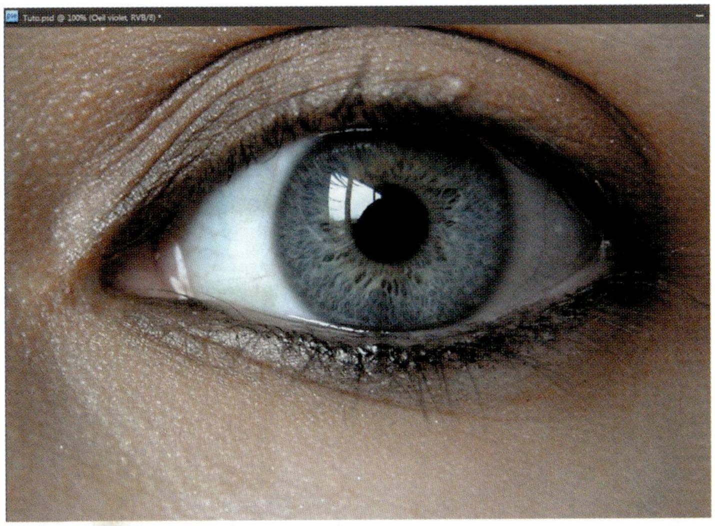

01 POUR COMMENCER

Ouvrez la photographie. Préparez votre espace de travail, zoomez sur la pupille et faites un double clic sur le calque. Renommez-le "Base". Je précise maintenant que chaque étape ou presque sera synonyme de création de calque. Pour plus de confort, veillez à travailler sur un nouveau calque pour faciliter la correction ou l'ajout de détails.

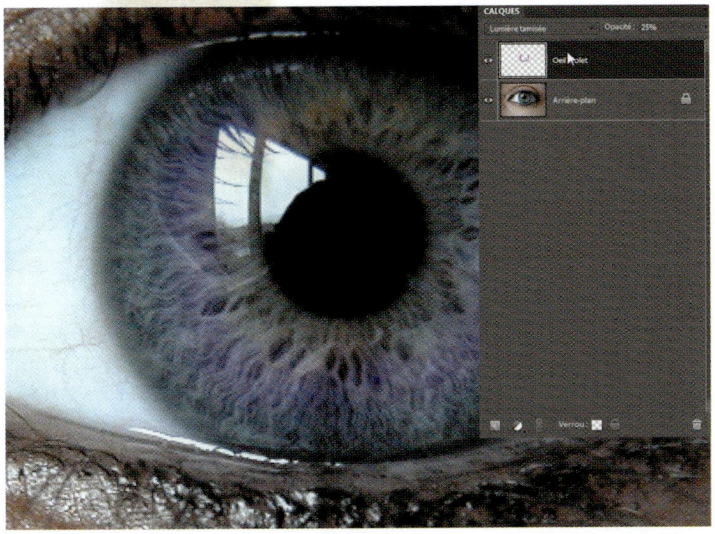

02 ŒIL – VIOLET

Nous allons commencer par donner plus de couleur à l'œil. J'aime donner plusieurs nuances, donc nous allons prendre une couleur violette.

Peignez autour de l'iris, puis appliquez un Flou gaussien de 9 pixels. Passez le calque en mode Lumière tamisée à 25 % d'Opacité.

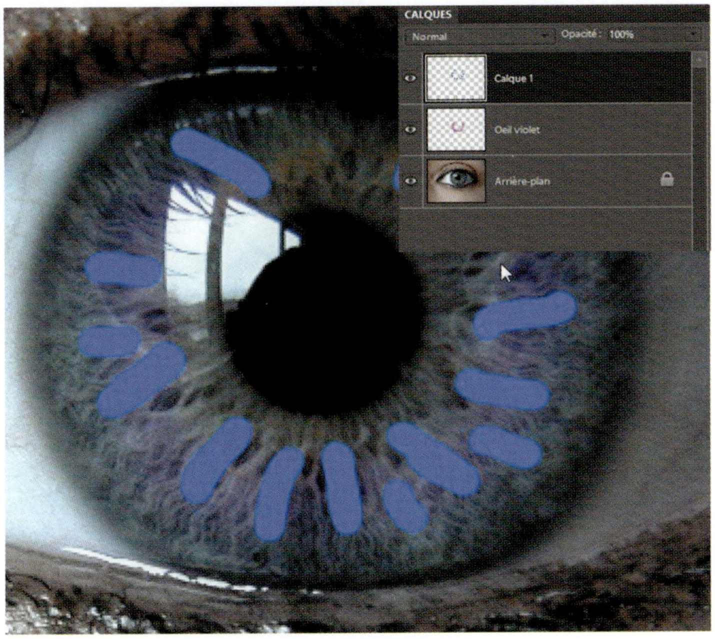

03 ŒIL – BLEU

Nous allons renforcer la couleur bleue maintenant.

Peignez des traits bleus partant du centre vers l'extérieur. Appliquez un Flou gaussien de 7 pixels et passez le calque en Lumière tamisée à 50 % d'Opacité.

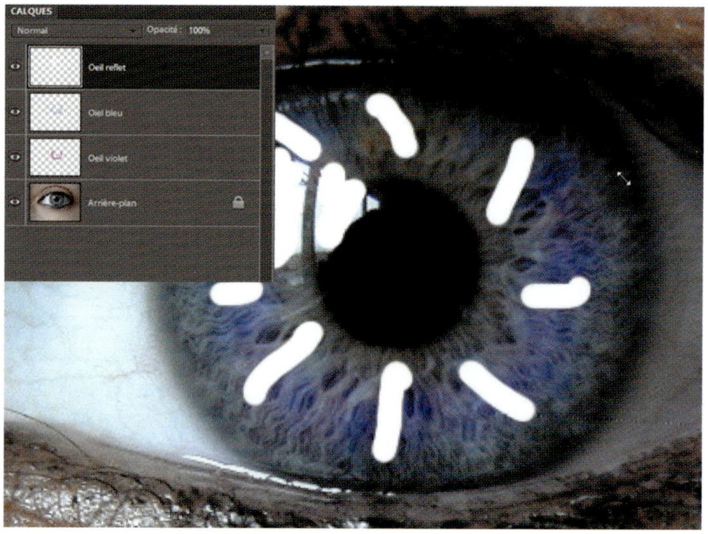

04 ŒIL – REFLETS

Nous allons maintenant ajouter quelques reflets. Cela va donner plus de vie et de relief.

Peindre en blanc sur les zones claires, puis floutez à 8 pixels et passez le calque en mode Incrustation à 61 % d'Opacité.

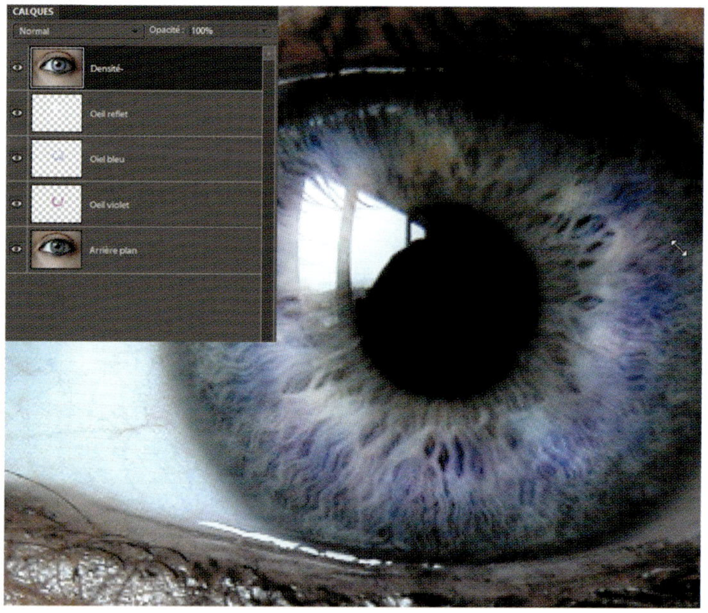

05 DENSITÉ

Cette étape vise à renforcer davantage les reflets de l'œil. Tout d'abord, sélectionnez tous vos calques, puis dupliquez-les. Enfin, fusionnez-les.

Passez le calque obtenu au-dessus de tous les autres. Sélectionnez l'outil Densité - et appliquez-le sur les parties à éclaircir.

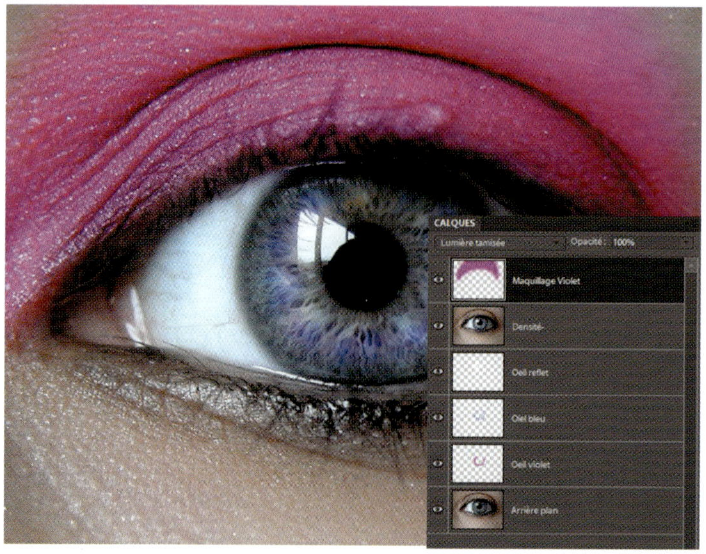

06 MAQUILLAGE VIOLET 1/2

Nous allons commencer par maquiller tout ça. Cette technique est très simple et facilement assimilable. Avec une couleur violette, vous allez peindre la paupière. Ensuite, appliquez un Flou gaussien de 7 pixels puis passez le calque en mode Lumière tamisée à 20 % d'Opacité.

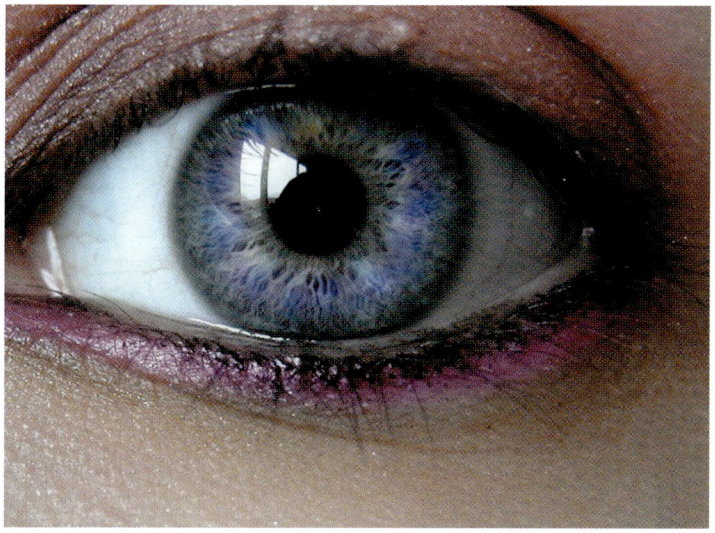

07 MAQUILLAGE VIOLET 2/2

Continuez cette étape, cette fois-ci en peignant sur le contour inférieur de l'œil. Floutez à 10 pixels et passez en mode Lumière tamisée à 50 % d'Opacité.

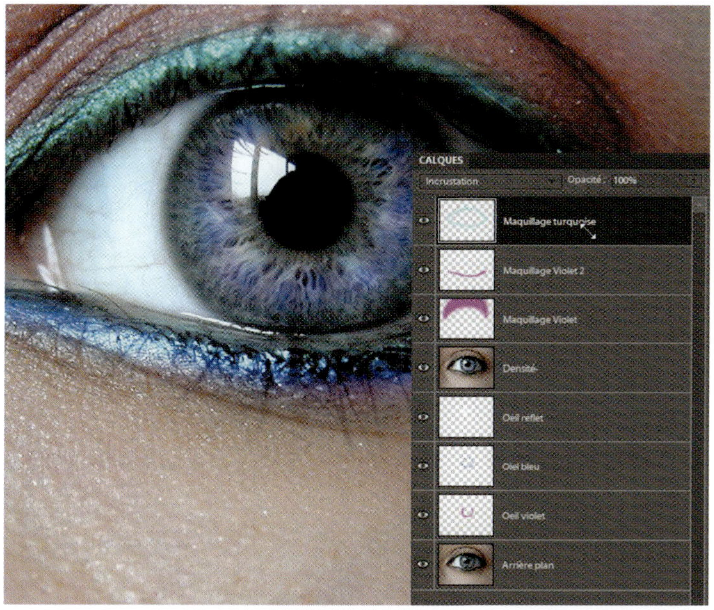

08 MAQUILLAGE TURQUOISE

Peignez tout le contour de l'œil avec une couleur turquoise. Floutez à 12 pixels et passez le calque en mode Incrustation. La couleur bleue appliquée précédemment va ici apporter une nuance de ton.

09 MAQUILLAGE BLEU

Peignez la paupière avec une couleur bleue d'un ton moyen. Passez le calque en mode Lumière tamisée et appliquez un Flou gaussien de 13 pixels. La raison pour laquelle il faut appliquer différents calques de maquillage est ici démontrée : les modes vont jouer et les couleurs interagir entre elles, ce qui donnera une grande variété de nuances.

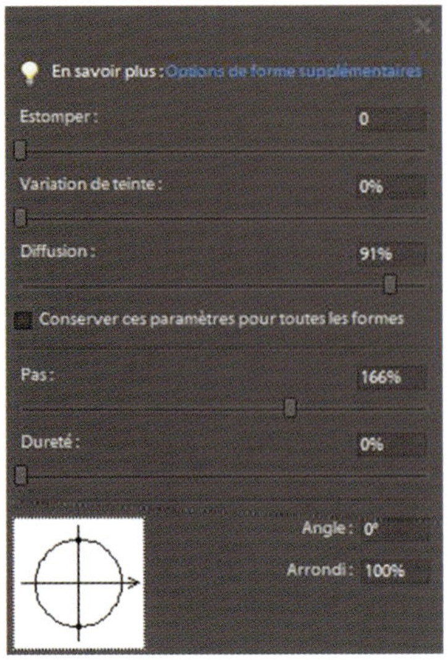

10 RÉGLAGES DE DIFFUSION

Avant tout, cliquez sur l'icône en forme de pinceau, située à droite de la taille et de l'opacité, dans la barre du haut (il faut auparavant avoir sélectionné la forme Pinceau).

Appliquez ces valeurs : Diffusion 91 % et Pas 166 %.

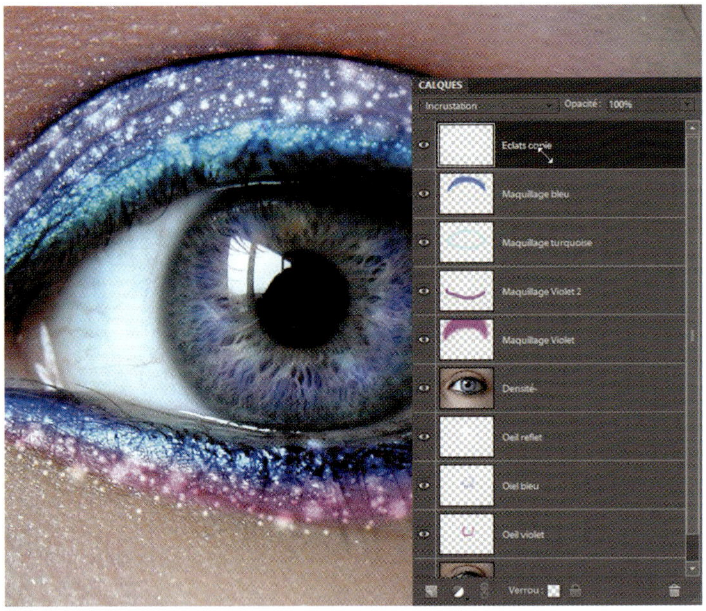

11 DIFFUSION

Nous allons créer des points lumineux censés éclairer notre composition. Avec les réglages précédents, peignez en blanc tout autour de l'œil.

Attention à ne pas trop surcharger le tout !
Passez le calque en mode Incrustation.

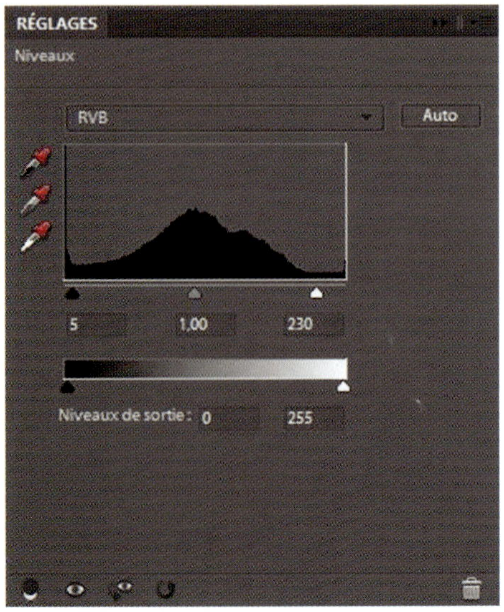

12 NIVEAUX

Créez un nouveau calque de réglage. Faites Calque> Nouveau calque de réglage> Niveaux.

Mettre comme valeur : 5, 1, 230. Cela va améliorer la luminosité de l'image.

13 PASSE-HAUT

Dupliquez tous les calques et fusionnez-les. Passez ce calque au-dessus de tous les autres. Allez dans Filtres> Divers> Passe-haut et mettez comme valeur 4 pixels.

Mettre en mode Incrustation à 65 % d'Opacité.
Cela sert à améliorer la netteté de votre image. Les détails sont accentués, variez l'opacité pour obtenir plus ou moins de netteté.

14 DERNIÈRE ÉTAPE

Dupliquez une nouvelle fois tous les calques et fusionnez-les. Passez ce calque au-dessus de tous les autres. Allez dans Filtre> Flou> Flou gaussien et entrez comme valeur 4 pixels. Passez ce calque en mode Incrustation. Réglez l'Opacité à 50 %. Cela rajoute plus de chaleur à l'ensemble. N'hésitez pas à varier l'opacité suivant votre goût.

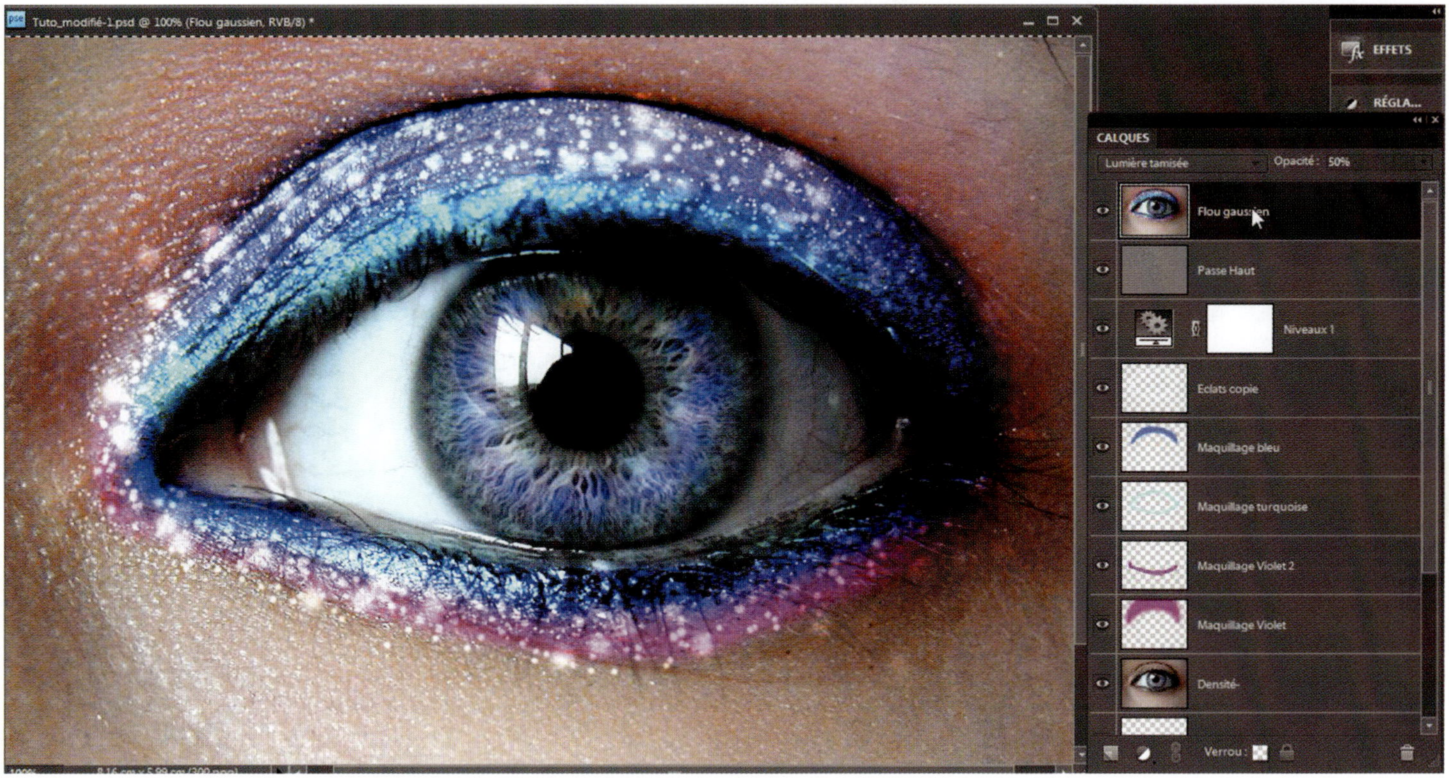

RETOUCHE PHOTOGRAPHIQUE

Gommez les imperfections et obtenez un rendu quasi professionnel.

Sébastien Marchand, *alias Thenti, est un jeune artiste de 19 ans vivant à Lyon. Il découvre Photoshop il y a quatre ans. Depuis, il parfait sa maîtrise du logiciel et s'est spécialisé dans la retouche photographique.*

SUR LE CD

Vous trouverez sur le CD le fichier .psd avec tous les calques et le lien de l'image de départ.

Elements dispose d'une panoplie d'outils très efficaces, tels que le Correcteur de tons direct ou encore le Tampon de duplication, que nous allons aborder ici. Nous allons retoucher notre photographie en éliminant les imperfections de la peau et en modifiant le physique de cette personne. Enfin, nous allons procéder à un ajustement de la luminosité et des couleurs afin d'obtenir un rendu plus professionnel.

01 POUR COMMENCER

Ouvrez votre photographie.

Pensez à bien organiser l'espace de travail sous Elements, il faut que vous puissiez travailler dans les meilleures conditions possibles et être efficace.

02 PRÉPARATION

Commencez par dupliquer le premier calque.

Il est très important de garder une image de base, afin de pouvoir comparer, notamment. Sélectionnez l'outil Correcteur de tons direct.

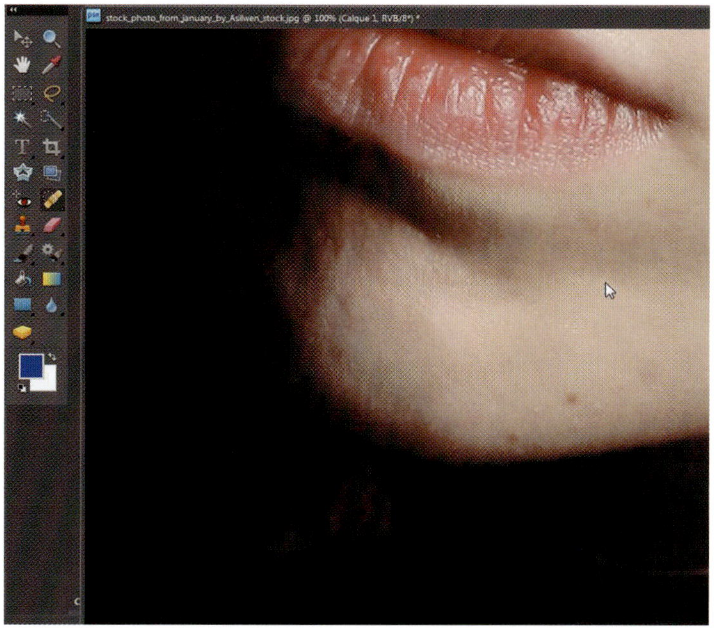

03 GOMMAGE DES IMPERFECTIONS 1/2

Zoomez sur le visage.

Choisissez une petite taille pour travailler, il est préférable de faire petite correction par petite correction.
Le résultat n'en sera que meilleur. Passez l'outil sur les points noirs et autres marques.

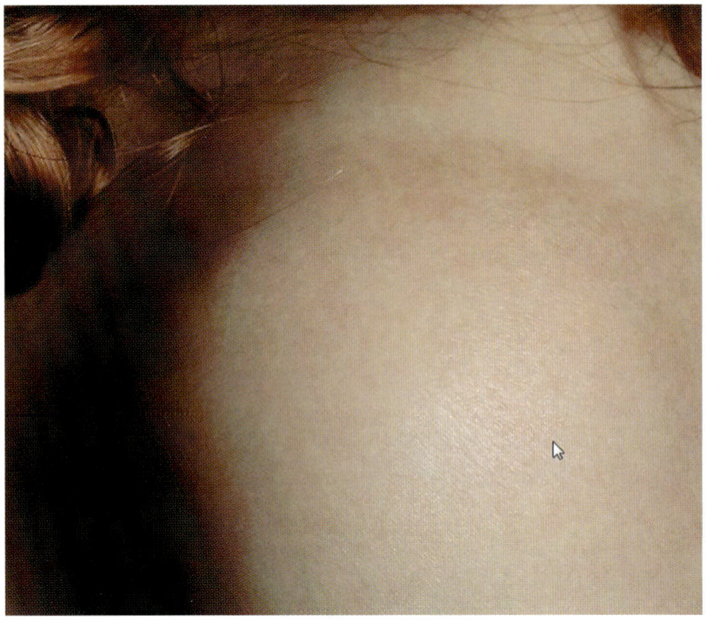

04 GOMMAGE DES IMPERFECTIONS 2/2

Zoomez maintenant sur l'épaule.

Il y a beaucoup de taches brunes. Effectuez la même opération que précédemment. Prenez votre temps, se presser ne donnera rien de bon.

05 COULEUR DE L'ŒIL 1/3

Dans un nouveau calque, nous allons à présent donner plus de vie à l'œil. Avec le Pinceau, mettez une touche de couleur verte sur la pupille. Allez dans Filtre> Flou> Flou gaussien et appliquez-le à 10 pixels.

Passez le calque en mode Incrustation et descendez l'Opacité à 40 %.

06 COULEUR DE L'ŒIL 2/3

Répétez la même opération dans un nouveau calque et variez l'Opacité de celui-ci, à 50 ou 60 %.

C'est selon votre appréciation, si vous souhaitez obtenir une couleur vive ou discrète.

07 COULEUR DE L'ŒIL 3/3

Dans un nouveau calque, nous allons ajouter une touche de couleur marron orangé. Donnez une forme comme dans l'exemple ci-contre. Appliquez un Flou gaussien de 7 pixels. Mettez le calque en mode Incrustation à 70 % d'Opacité.

08 REFLETS DE L'ŒIL

Cette opération est quasiment identique aux précédentes. Pour accentuer les reflets, peindre de la même manière que précédemment. Appliquez un Flou gaussien de 4 pixels et passez le calque en Incrustation à 60 %.

09 MAQUILLAGE VERT

Sur un nouveau calque en mode Lumière tamisée, prenez un Pinceau de petite taille. Zoomez sur la paupière et appliquez une couleur vert foncé pâle.

Mettre un Flou gaussien de 6 pixels et le calque à 80 % d'Opacité.

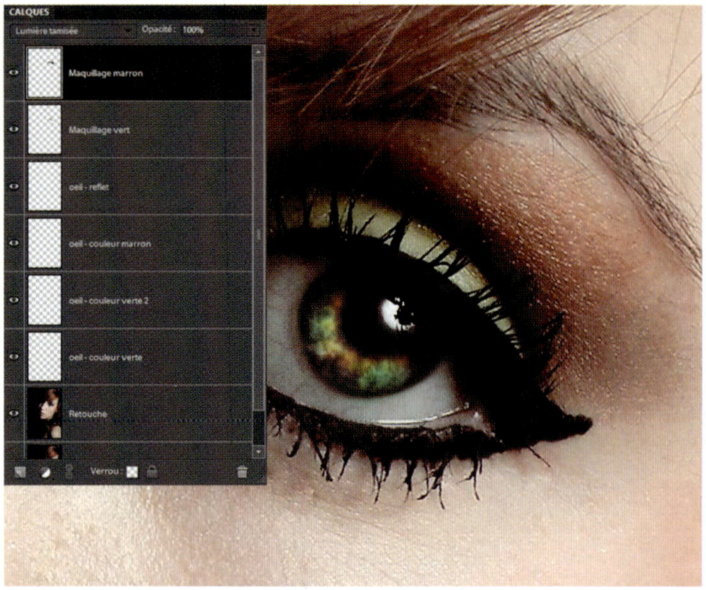

10 MAQUILLAGE MARRON

Nouveau calque en mode Lumière tamisée.

Sur la zone au-dessus de l'œil, appliquez une couleur marron clair et floutez à 8 pixels.

11 ROUGE À LÈVRES

Nous allons appliquer ici un rouge à lèvres léger, afin de donner plus de couleur à l'ensemble.

L'étape ressemble à celle du maquillage. Peignez du rose sur les lèvres, floutez à 15 pixels et passez en mode Lumière tamisée.

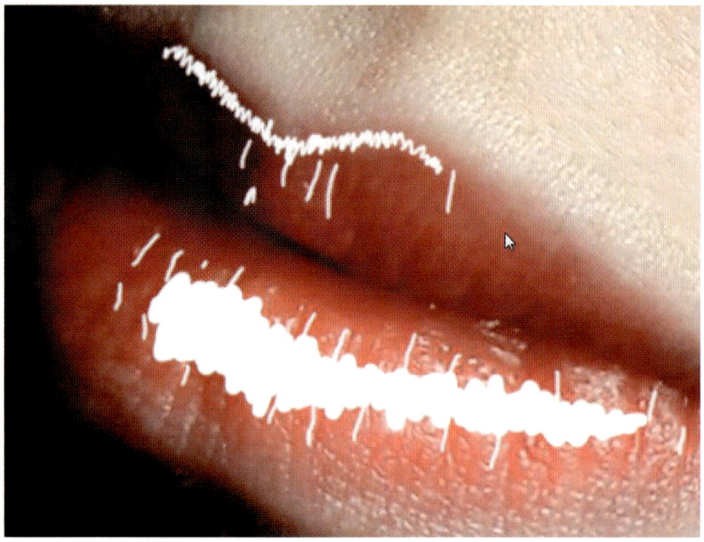

12 REFLET

Vous allez maintenant donner un effet "gloss" aux lèvres. Pour cela, il va falloir donner du brillant avec un Pinceau blanc. Peignez des traits, ne faites pas un amas, sans quoi nos reflets n'auront aucune valeur. Passez l'Opacité à 35 %.

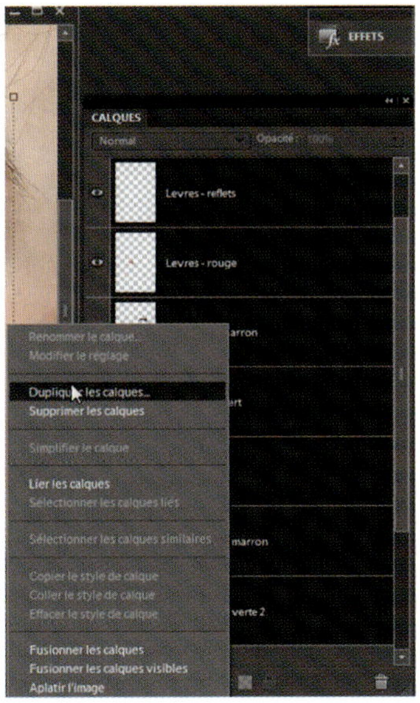

13 DUPLICATION

Une fonction que j'utilise souvent sur Photoshop, c'est l'"image appliquée". Ici, pour l'obtenir, il va falloir dupliquer tous nos calques.

Sélectionnez-les tous et faites un clic droit> Dupliquer les calques. Fusionnez ensuite les copies obtenues.

14 FLUIDITÉ

Pour corriger l'arête du nez, allez dans Filtre> Déformation> Fluidité. Cet outil assez puissant permet de modifier le physique, par exemple.

Ici, prenez une taille de 80 et redressez le nez petit à petit. Faites de même avec la bouche.

15 REFLETS DES CHEVEUX

Sur un nouveau calque, peignez des traits en blanc sur les sources les plus lumineuses de la chevelure. Cela les accentuera.

Appliquez un Flou gaussien de 10 pixels et passez le calque en mode Incrustation à 40 % d'Opacité.

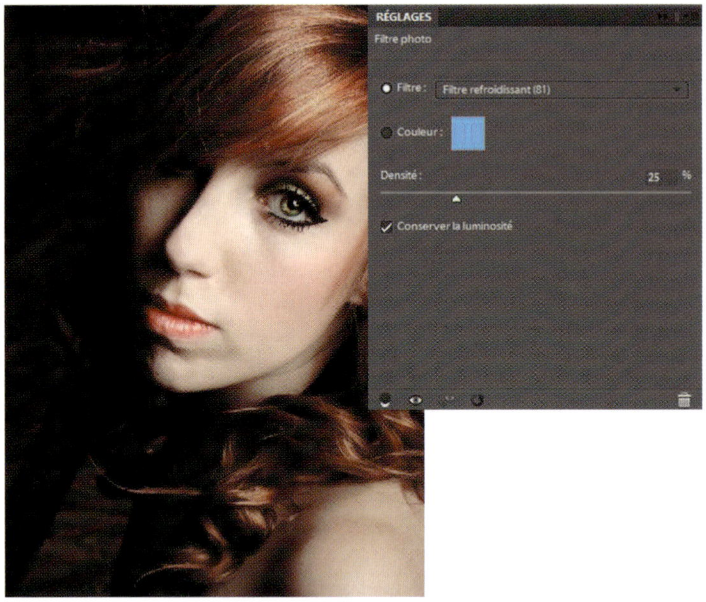

16 FILTRES

Pour changer l'ambiance de la photographie, nous allons appliquer deux filtres photos. Un Filtre réchauffant (85) à 80 % d'Opacité et un Filtre refroidissant (81) à 10 % d'Opacité.

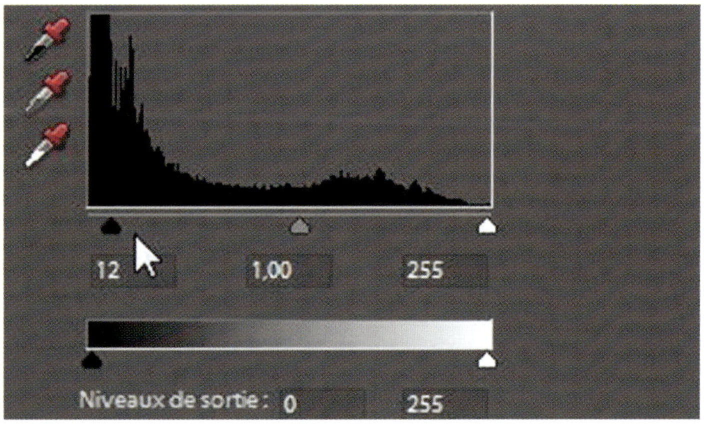

17 NIVEAUX

Pour assombrir le côté gauche, nous allons régler les niveaux. Faites Calque> Nouveau calque de réglage> Niveaux. Dans la première zone de réglage, passez de 0 à 12.

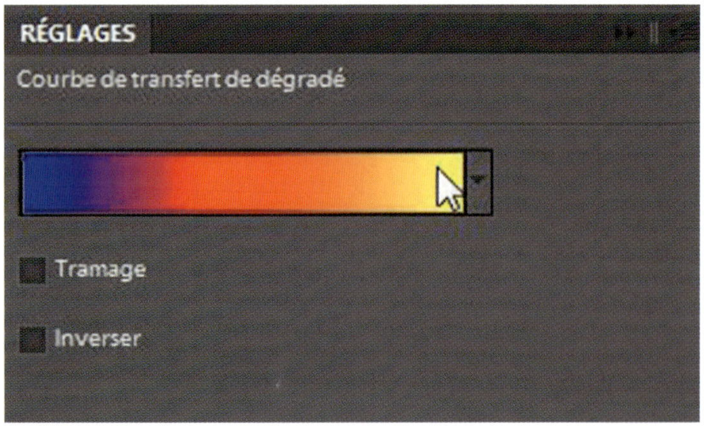

18 COURBE DE TRANSFERT DE DÉGRADÉ 1/2

Faites Calque> Nouveau calque de réglage> Courbe de transfert de dégradé. Choisissez-en un de base : bleu-rouge-jaune. Mettez-le en Superposition à 10 % d'Opacité.

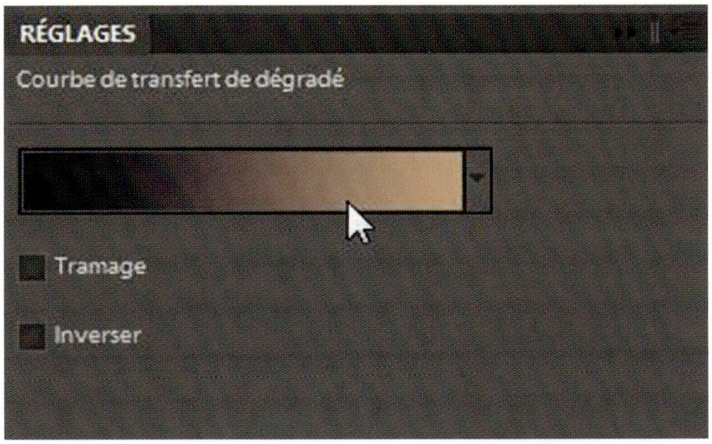

19 COURBE DE TRANSFERT DE DÉGRADÉ 2/2

Faites de même, mais cette fois-ci avec une couleur bleu foncé allant vers un orange très pâle. Passez le calque en mode Éclaircir à 70 % d'Opacité.

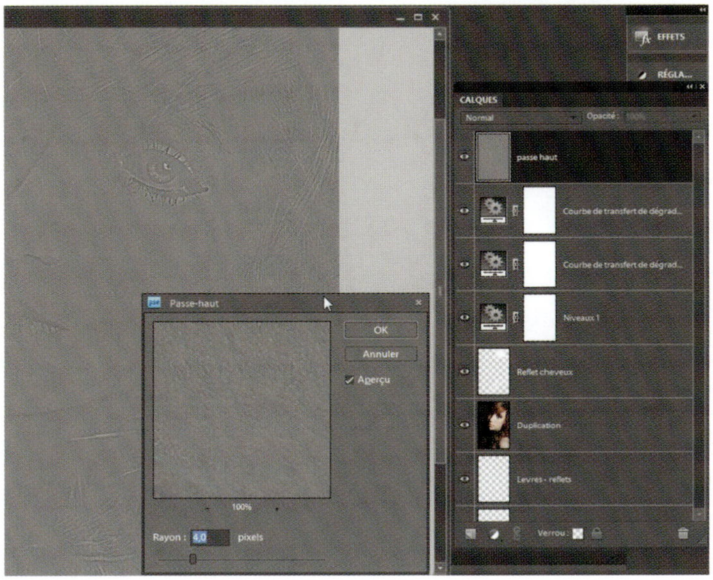

20 ACCENTUATION DES DÉTAILS

Pour ce faire, il y a une technique que j'utilise beaucoup : le filtre Passe-haut. Il permet d'obtenir un meilleur contour des détails de l'image de manière efficace.
Comme à l'étape 13, dupliquez et fusionnez tous les calques. Faites Filtre> Divers> Passe-haut à 4 pixels. Passez le calque en mode Incrustation à 60 % d'Opacité.

VAMPIRISATION

Utilisez des outils simples afin de vous donner un look de vampire.

Quelques instants suffisent à vous transformer en créature de la nuit. En quelques clics, devenez... mordant !

Laura Csajagi
est une jeune Illustratrice romantique, spécialisée dans la fantasy et le merveilleux. Elle évolue sur divers projets à travers l'édition, la publicité et le jeu vidéo. N'hésitez pas à aller jeter un œil sur son site www.laurart.book.fr pour y découvrir son travail.

SUR LE CD
Vous trouverez sur le CD la photo de base en haute définition (Fotolia) ainsi que la version avec les calques.

01 POUR COMMENCER

Ouvrez votre image dans Photoshop Elements. La première chose à faire est d'éclaircir la peau, afin de donner ce teint si particulier qui caractérise les vampires. Utilisez le Lasso pour sélectionner la zone de la peau. Vous pouvez y aller en plusieurs fois, en maintenant la touche Maj enfoncée.

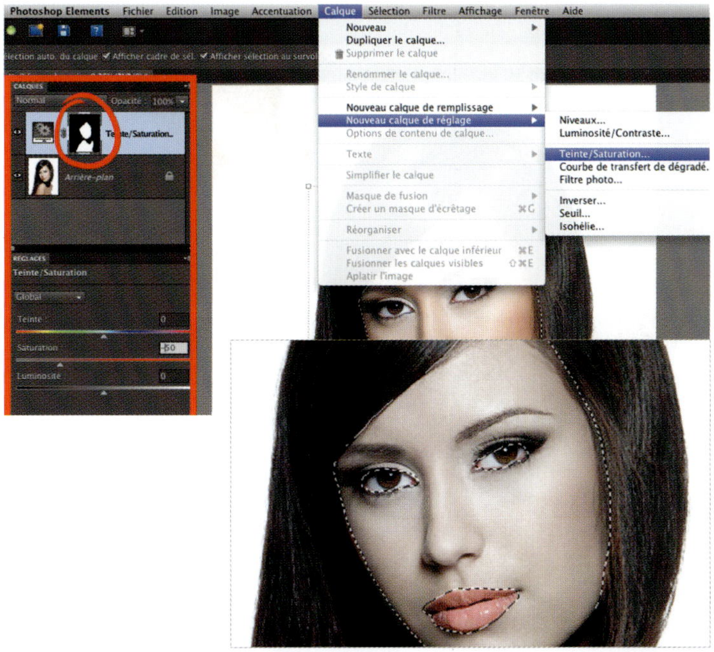

02 ÉCLAIRCIR LA PEAU 1/2

Créez un nouveau calque de réglage afin de régler la saturation. Faites Calque> Nouveau calque de réglage> Teinte/Saturation ou cliquez sur le symbole du yin et du yang dans le panneau Calques. Dans les options, réglez Saturation à -50 et le modèle deviendra tout gris.
Un nouveau calque apparaît au-dessus de votre image.
Le carré en noir et blanc symbolise les zones sélectionnées sur lesquelles va s'appliquer le filtre que vous avez choisi.
Avec un Pinceau noir ou blanc à bord flou, cliquez sur ce carré et peignez dans votre image les petites zones qui auraient été oubliées par la sélection et, à l'inverse, évitez la zone des yeux et de la bouche. Vous remarquerez que le blanc sélectionne et que le noir désélectionne. Cette technique permet de modifier à tous moments les réglages sans abîmer votre image.

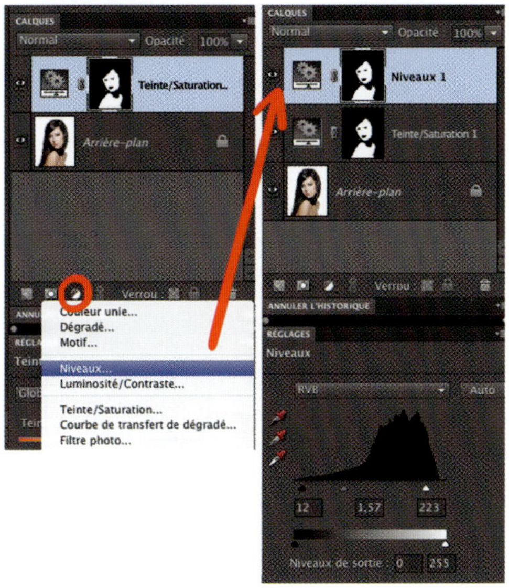

03 ÉCLAIRCIR LA PEAU 2/2

Cliquez sur votre calque de réglage en maintenant la touche Ctrl/Cmd enfoncée. Cela va récupérer votre sélection sans avoir besoin de la refaire. Comme tout à l'heure, nous allons créer un nouveau calque de réglage mais, cette fois-ci, pour régler les Niveaux. Faites Calque> Nouveau calque de réglage> Niveaux ou cliquez sur le symbole du yin et du yang dans le panneau des calques. Réglez comme ceci : 12, 1,57, 223 pour cette image, mais ajustez les Niveaux à votre guise en fonction de votre propre image.

04 ROUGE À LÈVRES 1/2

Sélectionnez la bouche à l'aide du Lasso. Créez à nouveau un calque de réglage de Teinte/Saturation, puis réglez-le sur Teinte 0, Saturation 67 et Luminosité -36, en prenant soin de cocher la case Redéfinir. Cette case est très importante lorsque l'on veut changer radicalement les teintes.

05 ROUGE À LÈVRES 2/2

Sélectionnez ensuite l'outil Pinceau à bords flous et peignez les contours de la bouche dans le masque. Il s'agit de la même technique que tout à l'heure, pour permettre de revenir sur une sélection. Le Pinceau flou permet d'adoucir et de mieux fondre le réglage dans notre image.

06 LE REGARD 1/2

Pour changer la couleur des yeux, commencez par les sélectionner grâce au Lasso ou à l'outil Ellipse de sélection. Ajoutez un calque de réglage de Teinte/Saturation par-dessus. Pour avoir des yeux rouges, cochez la case Redéfinir puis entrez Teinte 0, Saturation 70 et Luminosité +10. Revenez ensuite peindre dans le masque avec un Pinceau flou, afin d'effacer les zones qui ne devraient pas être prises en compte par le filtre, comme les pupilles et les cils.

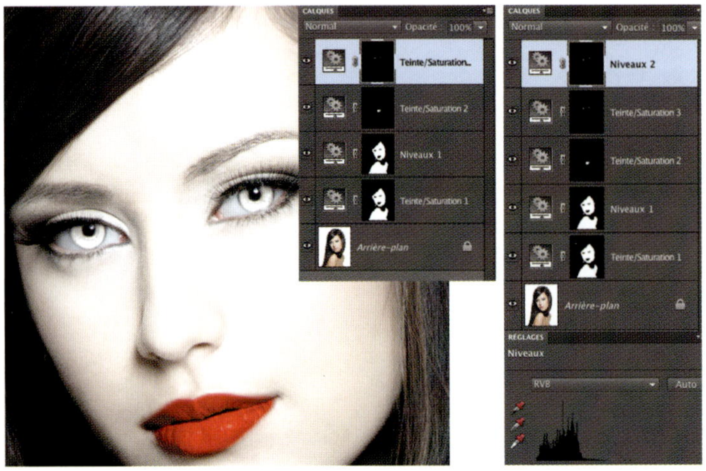

07 LE REGARD 2/2

Essayons maintenant avec un regard encore plus effrayant : des yeux blancs ! Pour cela, modifiez le calque de réglage que vous venez de créer en déplaçant le curseur de Saturation sur 0. Les yeux deviennent alors gris.

Cliquez sur votre calque de réglage en maintenant la touche Ctrl/Cmd enfoncée et ajoutez un calque de réglage des Niveaux. Réglez-le sur 0, 2,38 et 85.

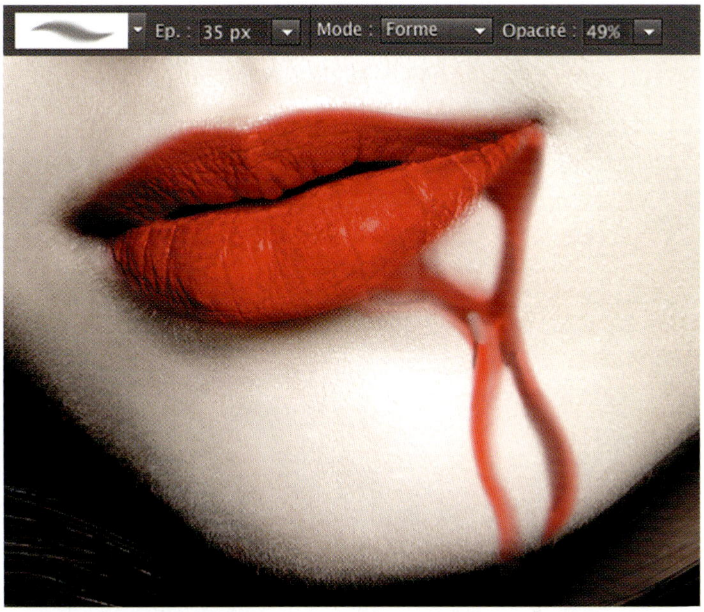

08 LE SANG 1/2

Créez un nouveau calque au-dessus des autres. Faites Calque> Nouveau calque ou cliquez sur le symbole de la page dans le panneau Calques. Sélectionnez un Pinceau un peu flou et baissez son opacité. Choisissez une couleur rouge et peignez les coulures. La faible opacité du pinceau vous permet de repasser plusieurs fois sur vos traits tout en les fondant avec la peau. Repassez tantôt avec un rouge clair tantôt avec un rouge foncé.

09 LE SANG 2/2

Prenez maintenant un Pinceau moins flou et dessinez des contours à vos coulures.

Reprenez ensuite un Pinceau flou plus large, de faible Opacité aussi, et tamponnez les contours de la bouche et de la coulure, pour donner un aspect de sang plus sec.

Tapotez également, par endroits, avec une couleur plus claire, pour simuler un relief de lumière.

10 ENREGISTRER

Enregistrer l'image en cliquant sur Fichier> Enregistrer. Choisissez format Photoshop pour conserver tous les calques. Pour enregistrer une copie aplatie dans un format beaucoup moins lourd, cliquez sur Enregistrer sous (Ctrl/Cmd+Maj+S) et choisissez le format .jpeg. Une fenêtre s'ouvre alors. Dans Options d'image, choisissez Qualité moyenne, puis validez.

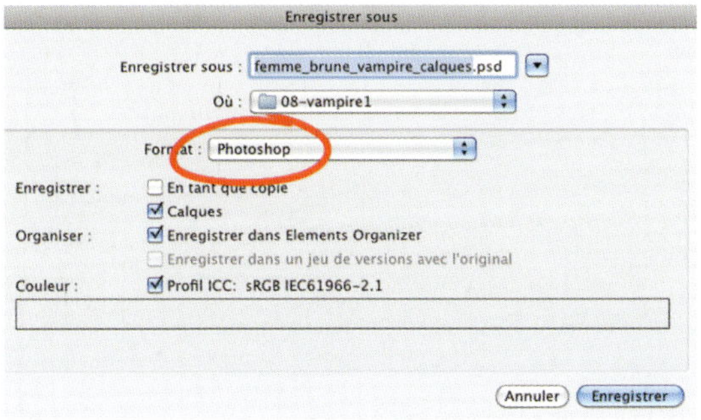

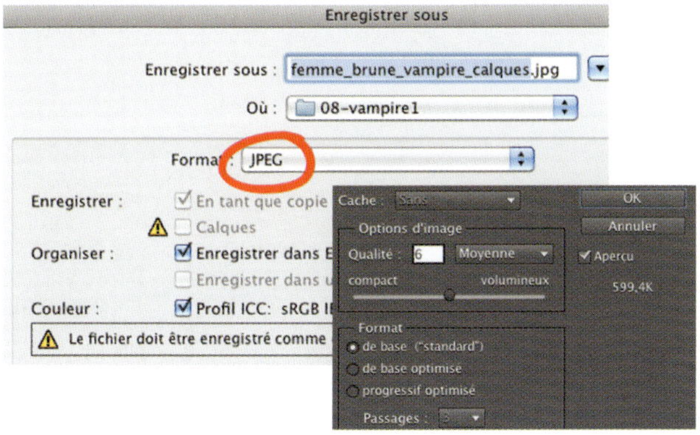

PHOTO PANORAMIQUE

Fusionnez plusieurs images avec l'outil Photomerge.

Pour réaliser une photo panoramique sans posséder un grand-angle, Photoshop Elements dispose de l'outil Photomerge qui permet de fusionner, aussi bien horizontalement que verticalement, plusieurs images d'un paysage en une seule afin de créer de superbes panoramas.

Annaëlle Perra
*Touche à tout passionnée de photo et de graphisme, Annaëlle est entièrement autodidacte.
Elle s'intéresse plus particulièrement aux logiciels Photoshop, Photoshop Elements et Flash.*

SUR LE CD
Vous trouverez les quatre photos de départ.

01 CONSEILS DE PRISE DE VUE

Afin de faciliter les raccords, il est important que chaque image se chevauche d'environ 15 à 30 % et d'éviter les variations d'exposition ou de profondeur de champ. Utilisez de préférence un trépied lors de la prise de vue, pour éviter de trop grandes variations entre les différentes images qui composeront le diaporama.

02 PRÉPARER LES IMAGES

Avant d'importer vos images dans Photoshop Elements, renommez-les sous la forme image1, image2, image3, etc., afin qu'elles apparaissent dans le bon ordre.

Ajustez éventuellement la Luminosité et le Contraste pour obtenir des images aussi homogènes que possible. Ouvrez l'éditeur Photoshop Elements et sélectionnez Fichier> Nouveau> Panorama Photomerge.

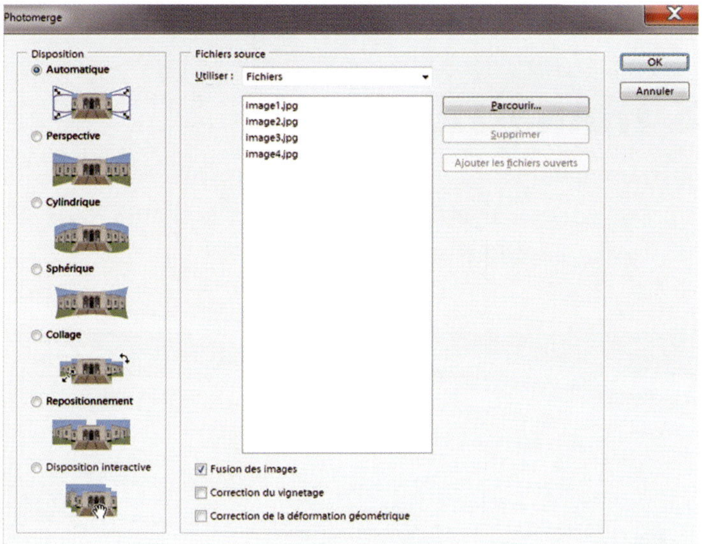

03 ASSISTANT PHOTOMERGE

Choisissez sur votre disque dur les images à utiliser en cliquant sur le bouton Parcourir. Pour sélectionner plusieurs photos simultanément, maintenez la touche Maj enfoncée.

Cochez l'option Automatique, afin de laisser Photoshop Elements choisir la disposition la plus appropriée en fonction de vos photos. Cochez la case Fusion des images et validez.

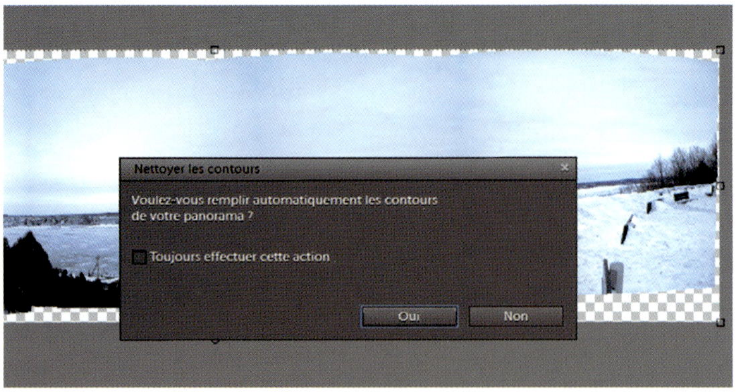

04 CRÉATION DU PANORAMA

Photoshop Elements fusionne automatiquement chaque photo, selon les points communs détectés aux bords de celles-ci. À la fin de la création du panorama, une boîte de dialogue s'affiche afin de vous demander si vous souhaitez que les zones transparentes de l'arrière-plan soient automatiquement remplies par Photoshop Elements. Cliquez sur le bouton Non afin de conserver un meilleur contrôle sur le recadrage du panorama.

05 AJUSTER MANUELLEMENT CHAQUE IMAGE

Affichez le panneau Calques. Un masque de fusion a été créé pour chaque calque d'image afin d'ajuster les raccords. Vous pouvez masquer un à un les calques du panorama afin de mieux visualiser la manière dont Photoshop Elements a fusionné vos images. Si vous n'êtes pas satisfait du résultat obtenu, cliquez sur un calque d'image puis activez l'outil Déplacement (V) afin de déplacer chaque image.

06 ZOOM SUR LES TRANSITIONS

Selon le niveau de zoom appliqué sur l'image, certaines transitions entre les images peuvent transparaître. Pour vous assurer que la jointure a été correctement effectuée, activez l'outil Zoom en appliquant un grossissement de 100 %, voire plus. Déplacez-vous sur l'image avec l'outil Main (barre d'espace) afin de vérifier les différentes zones de l'image.

07 CORRIGER LES IMPERFECTIONS

Selon le type d'images que vous aurez choisi d'utiliser, les corrections ainsi que les outils à utiliser varient fortement. Néanmoins, dans le cas où la matière est importante, par exemple dans le cas d'un ciel avec des nuages, faites appel à l'outil Tampon de duplication (S) afin de supprimer taches et autres imperfections. Assurez-vous au préalable de bien sélectionner le calque correspondant à chaque zone du panorama.

08 REDRESSER LA PERSPECTIVE

Sur cette image, la ligne d'horizon est légèrement penchée. Pour corriger la perspective de l'image, faites appel à l'outil Redressement (P). Dans la barre d'options, choisissez Recadrer pour supprimer l'arrière-plan. Tirez une ligne horizontale correspondant à l'axe de redressement souhaité au-dessus de la ligne d'horizon. L'image est automatiquement redressée mais aussi recadrée.

09 ROGNER L'IMAGE

Si besoin, activez l'outil Recadrage (C) afin de finaliser le recadrage de l'image. Étirez les poignées de redimensionnement jusqu'à ce que vous soyez satisfait.

Prenez garde à ne pas trop rogner votre photo, afin de ne pas la dénaturer ni perdre de trop nombreux détails sur l'image.

RECOMPOSER UNE IMAGE

Recadrage sans déformation avec l'outil Recomposition.

Annaëlle Perra
Touche à tout passionnée de photo et de graphisme, Annaëlle est entièrement autodidacte. Elle s'intéresse plus particulièrement aux logiciels Photoshop, Photoshop Elements et Flash.

SUR LE CD
Vous trouverez la photo de départ.

Fortement inspiré de l'outil Échelle basé sur le contenu de Photoshop, l'outil Recomposition de Photoshop Elements permet de redimensionner une image tout en préservant ses éléments principaux, c'est-à-dire sans que les personnes ou animaux présents à l'image ne soient affectés par les transformations.

01 OUVRIR L'IMAGE

Ouvrez l'image à recomposer. L'objectif sur cette photo est de réunir les oiseaux et de transformer l'orientation de l'image – du paysage au portrait - sans pour autant déformer les volatiles. C'est donc l'arrière-plan qui va être modifié et transformé. Dupliquez le calque afin de ne pas altérer l'image originale. Masquez l'image d'origine dans le panneau Calques.

02 REDIMENSIONNER L'IMAGE DE MANIÈRE CLASSIQUE

Si vous essayez de redimensionner cette image du mode Paysage au mode Portrait, vous obtiendrez une forte distorsion des animaux présents à l'image. L'autre alternative consisterait éventuellement à rogner l'image pour obtenir le cadrage souhaité mais, dans ce cas, vous perdriez une partie des informations présentes sur la photo. Dans les deux cas, le résultat ne s'avère pas satisfaisant.

03 RECOMPOSITION EXPRESS

L'outil de Recomposition est accessible avec la touche C. Il est situé sous l'outil de Recadrage dans la barre d'outils. Activez-le et déplacez votre cadre aux dimensions souhaitées. L'image est redimensionnée au niveau de l'arrière-plan sans que les oiseaux du premier plan ne soient déformés. Les oiseaux se rapprochent naturellement sur la scène, sans qu'aucune sélection ne soit nécessaire.

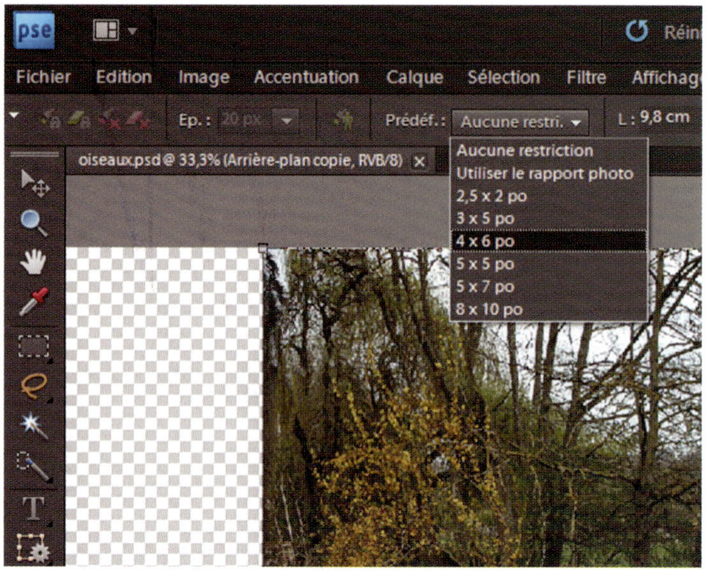

04 RAPPORTS PRÉDÉFINIS

Si vous souhaitez redimensionner votre image dans un format spécifique, faites appel aux rapports prédéfinis disponibles dans la barre d'options de l'outil de Recomposition. Le cadre correspondant au format sélectionné s'affiche automatiquement sur l'image, qui est immédiatement recadrée.

05 PROTÉGER DES ÉLÉMENTS

Si les éléments de premier plan sont naturellement protégés lors de l'étape de recomposition, il peut également être intéressant de protéger certaines zones de l'arrière-plan plus intéressantes que d'autres. Dans la barre d'options de l'outil Recomposition, cliquez sur l'icône Marquer comme protection.

06 PEINDRE SUR L'IMAGE

Sur cette image, nous souhaitons protéger le buisson jaune présent à l'arrière-plan. Choisissez une Épaisseur de pinceau de 20 px dans la barre d'options et peignez en vert sur le buisson. Inutile de peindre attentivement tout le buisson, quelques coups de pinceaux suffisent pour délimiter les zones de l'élément à protéger. Si votre image comporte des personnes, l'option Mise en surbrillance de la coloration de la peau permet de reconnaître automatiquement les tons chair afin de les protéger lors du recadrage.

07 SUPPRIMER DES ÉLÉMENTS

À l'inverse, les éléments que vous estimez peu importants, qu'ils soient au premier plan ou à l'arrière-plan, peuvent être supprimés lors de la recomposition. Dans la barre d'options de l'outil, cliquez sur l'icône Marquer pour suppression. Le buisson à gauche de l'image, peu esthétique, peut être supprimé. Vous pouvez revenir sur les zones à supprimer à l'aide de l'outil Gomme, également disponible dans la barre d'options.

08 APPLIQUER LES PROTECTIONS

Redimensionnez maintenant votre image avec l'outil Recomposition afin de visualiser les modifications effectuées. Le buisson situé dans le coin gauche est effacé, le buisson jaune préservé, mais l'oiseau qui se trouve à côté, sur la gauche, apparaît alors déformé. Afin de protéger l'oiseau, annulez la recomposition en peignant dessus en vert, puis validez.

09 SUPPRIMER LA ZONE TRANSPARENTE

Afin de finaliser le recadrage de l'image, il ne reste plus qu'à supprimer la zone transparente de l'arrière-plan qui apparaît en surplus. Activez l'outil Recadrage (C) afin de rogner l'image. L'orientation de votre image est modifiée sans que les oiseaux ni les éléments importants de l'arrière-plan n'aient été déformés.

EFFET LOMO

Appliquez un effet typique d'appareil Lomo grâce aux effets guidés de Photoshop Elements.

Step By Step

Annaëlle Perra

Touche à tout passionnée de photo et de graphisme, Annaëlle est entièrement autodidacte. Elle s'intéresse plus particulièrement aux logiciels Photoshop, Photoshop Elements et Flash.

SUR LE CD

Vous trouverez la photo de départ.

Un appareil Lomo est un appareil en plastique compact d'origine russe produit dans les années 1980. Les images réalisées avec ce type d'appareil se caractérisent par une forte saturation, des couleurs délavées et un fort vignetage, c'est-à-dire un assombrissement des contours de l'image. Grâce à l'effet Lomo de Photoshop Elements, combiné à quelques retouches manuelles, il devient très simple de donner un aspect imparfait mais parfaitement maîtrisé à ses photos.

01 OUVRIR L'IMAGE

Sélectionnez la commande Fichier> Ouvrir afin d'afficher l'image à transformer au sein de Photoshop Elements. Pour créer un effet Lomo sur cette photo, les contrastes vont être accentués et la colorimétrie modifiée, pour donner un coup de vieux à cette photo prise récemment.

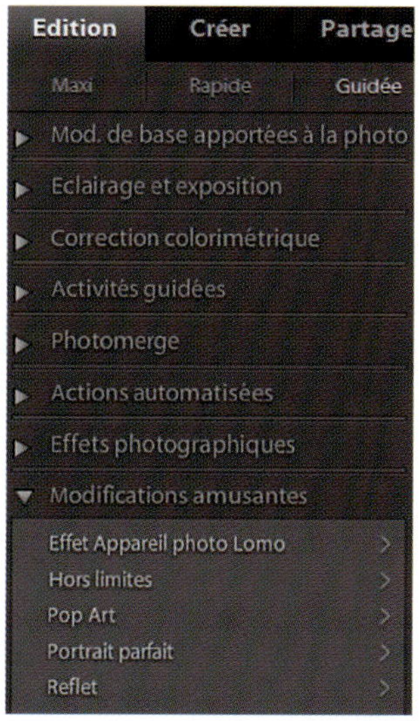

02 RETOUCHE GUIDÉE

Photoshop Elements dispose d'un effet Lomo, accessible depuis l'onglet Edition> Guidée. Dans la section Modifications amusantes, choisissez Effet Appareil Photo Lomo. L'assistant apparaît. Il va vous permettre de créer et de moduler l'intensité de l'effet en vous guidant

03 MODIFIER LA COLORIMÉTRIE

Afin de jouer avec la colorimétrie de l'image, en ajoutant de la saturation à l'image mais aussi des filtres colorés, cliquez sur le bouton Traitement croisé de l'image.
Un premier clic sur le bouton entraîne l'ajout d'un filtre coloré jaune et vert à l'image.

04 INTENSIFIER L'EFFET

Pour accentuer encore l'effet, cliquez de nouveau sur le bouton Traitement croisé de l'image. L'aspect terni de l'image est renforcé et le bleu du ciel apparaît particulièrement contrasté. Selon le type d'image utilisé, vous pouvez encore accentuer l'effet, veillez cependant à ne pas en abuser, afin que le résultat reste malgré tout naturel.

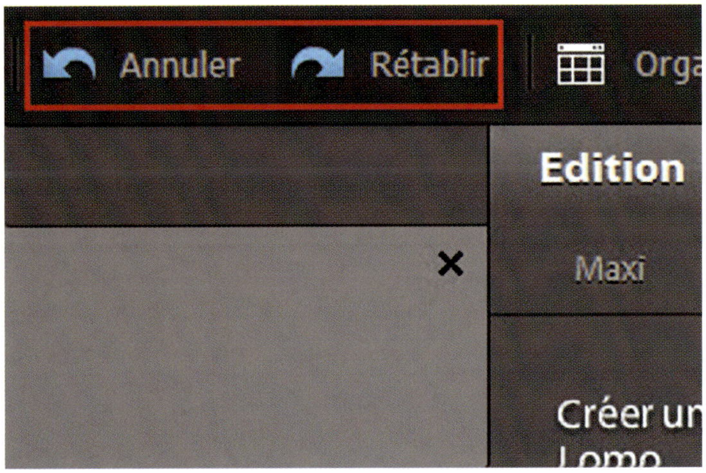

05 ANNULER ET RÉTABLIR L'EFFET

Il est important pour ce type d'effet de tester plusieurs réglages afin de conserver le meilleur. Pour revenir à l'étape précédente, cliquez sur le bouton Annuler situé en haut de l'interface. À l'inverse – pour appliquer une action déjà effectuée si, au final, vous souhaitez la conserver –, cliquez sur le bouton Rétablir, accessible à côté du bouton Annuler. Si vous voulez revenir à l'image originale et annuler tous les réglages effectués depuis l'assistant, cliquez sur le bouton Rét. (Rétablir) situé en bas du panneau d'effets.

06 VIGNETAGE DE L'IMAGE

Pour réussir un vignetage, la transition entre le centre de l'image et les bords assombris doit être progressive. Cliquez sur le bouton Appliquer du vignetage, au sein de l'assistant. Comme précédemment pour la modification de la colorimétrie, il est généralement nécessaire de renouveler l'application une à deux fois pour obtenir un résultat satisfaisant.

07 RETOUR AU MODE D'ÉDITION

Lorsque vous êtes satisfait du résultat obtenu, cliquez sur le bouton Terminer. Afin d'accéder aux calques de votre image et peaufiner l'effet, activez l'onglet Edition> Maxi. Affichez le panneau Calques, si celui-ci n'apparaît pas, depuis le menu Fenêtre> Calques.

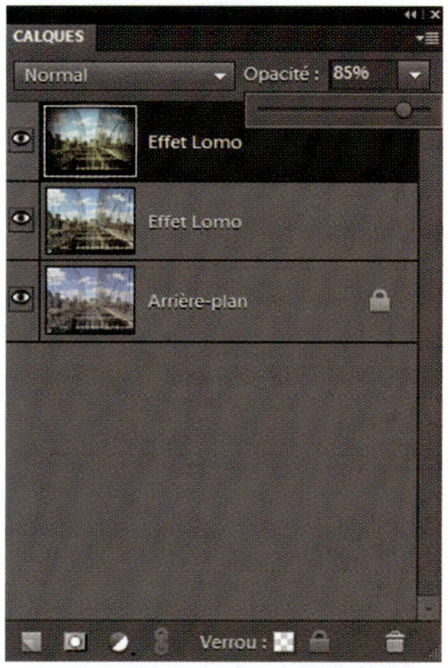

08 MODIFIER L'OPACITÉ DES CALQUES

Le calque situé en haut de la pile des calques correspond à l'effet de vignetage appliqué sur l'image. Afin de diminuer légèrement l'intensité de l'effet, modifiez son Opacité en réglant le curseur à 85 %. Les coins situés tout autour de l'image apparaissent immédiatement moins sombres et se fondent mieux avec le reste de l'image.

09 JOUER SUR LE CONTRASTE ET LA LUMINOSITÉ

Sélectionnez la commande Accentuation> Régler l'éclairage> Luminosité/Contraste. Déplacez le curseur de Luminosité vers la droite, sans oublier de cocher la case Aperçu pour visualiser les modifications en temps réel sur votre image. Si besoin, accentuez également le curseur du Contraste.

Accentuez également le Contraste à l'aide du curseur.

LA STATUE DE LA LIBERTÉ

Recadrez et éclaircissez une photo.

Step By Step

Laura Csajagi
est une jeune Illustratrice romantique, spécialisée dans la fantasy et le merveilleux. Elle évolue sur divers projets à travers l'édition, la publicité et le jeu vidéo. N'hésitez pas à aller jeter un œil sur son site www.laurart.book.fr pour y découvrir son travail.

SUR LE CD
Vous trouverez sur le CD la photo en haute définition, ainsi que le fichier .psd final avec les calques.

Il arrive souvent que sur nos photos viennent se greffer des éléments indésirables, juste le petit truc qui vient gâcher l'image, une main ou la tête d'un passant, une voiture, etc. Si, en plus, la météo décide de ne nous accorder qu'un ciel gris… Heureusement, Photoshop nous permet de corriger ces soucis grâce aux outils Recadrage, aux Niveaux et aux réglages de Luminosité/Contraste et Saturation.

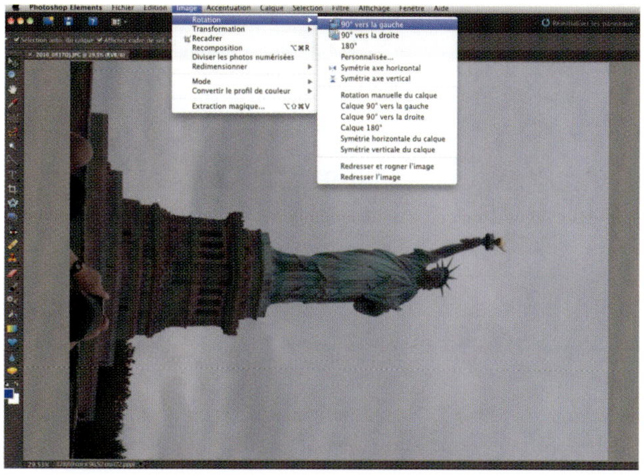

01 POUR COMMENCER

Ouvrez votre photo dans Photoshop Elements. Comme elle n'est pas dans le bon sens, redressez l'image en cliquant sur Image> Rotation> 90° vers la gauche.

02 RECADRER

Il y a des éléments au premier plan qui gâchent la photo. Pour les supprimer, recadrez votre image en cliquant sur l'outil Recadrer (C). Pour garder les mêmes proportions que l'image originale, sélectionnez, dans la barre d'options au-dessus, dans la zone proportion : Utiliser le rapport photo.

03 LES NIVEAUX

La photo est maintenant recadrée, mais elle manque de lumière et de contraste. Pour corriger ce souci, faites Calque> Nouveau calque de réglage> Niveaux ou cliquez sur le symbole du yin et du yang en bas du panneau Calques. Pour corriger les niveaux, apparaît une réglette avec trois curseurs. En déplaçant celui de gauche, vous agissez sur le noir, en déplaçant celui de droite sur le blanc. Ces deux curseurs sont assez extrêmes, il vaut mieux surtout bouger celui du milieu, qui agit sur les tons moyens. Réglez comme ceci : Niveaux d'entrée 11, 1,40, 196 ; Niveaux de sortie 0, 255.

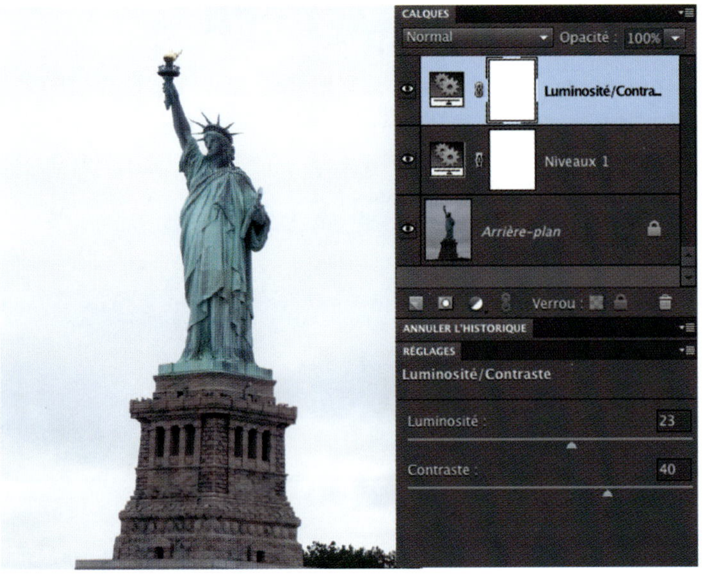

04 CONTRASTE

Pour régler le contraste, ajoutez un calque de réglage, comme précédemment, en faisant Calque> Nouveau calque de réglage> Luminosité/Contraste ou en cliquant sur le symbole du yin et du yang en bas du panneau Calques. Grâce à ce calque, vous pouvez modifier en même temps la luminosité et le contraste. Réglez comme ceci : Luminosité à 23 et Contraste à 40.

05 SATURATION

Pour raviver vos couleurs, ajoutez à nouveau un calque de réglage, mais Teinte/Saturation cette fois. Teinte permet de varier les couleurs, Saturation de les saturer ou de les désaturer et Luminosité de les éclaircir ou de les assombrir, comme les outils précédents. Réglez Teinte et Luminosité à 0 et Saturation à +20.

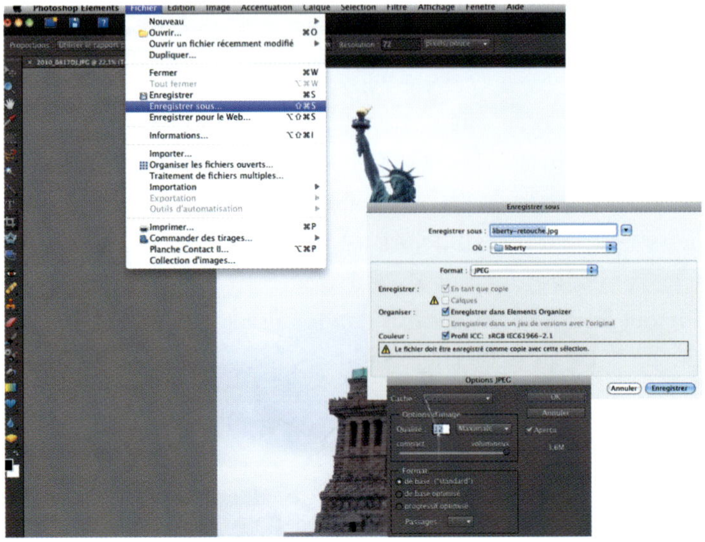

06 ENREGISTRER

Pour enregistrer votre image retouchée, faites Fichier> Enregistrer sous, au format .jpeg, en donnant un nouveau nom à votre photo. Une boîte de dialogue s'ouvre alors. Dans Options d'image, choisissez Qualité maximale.

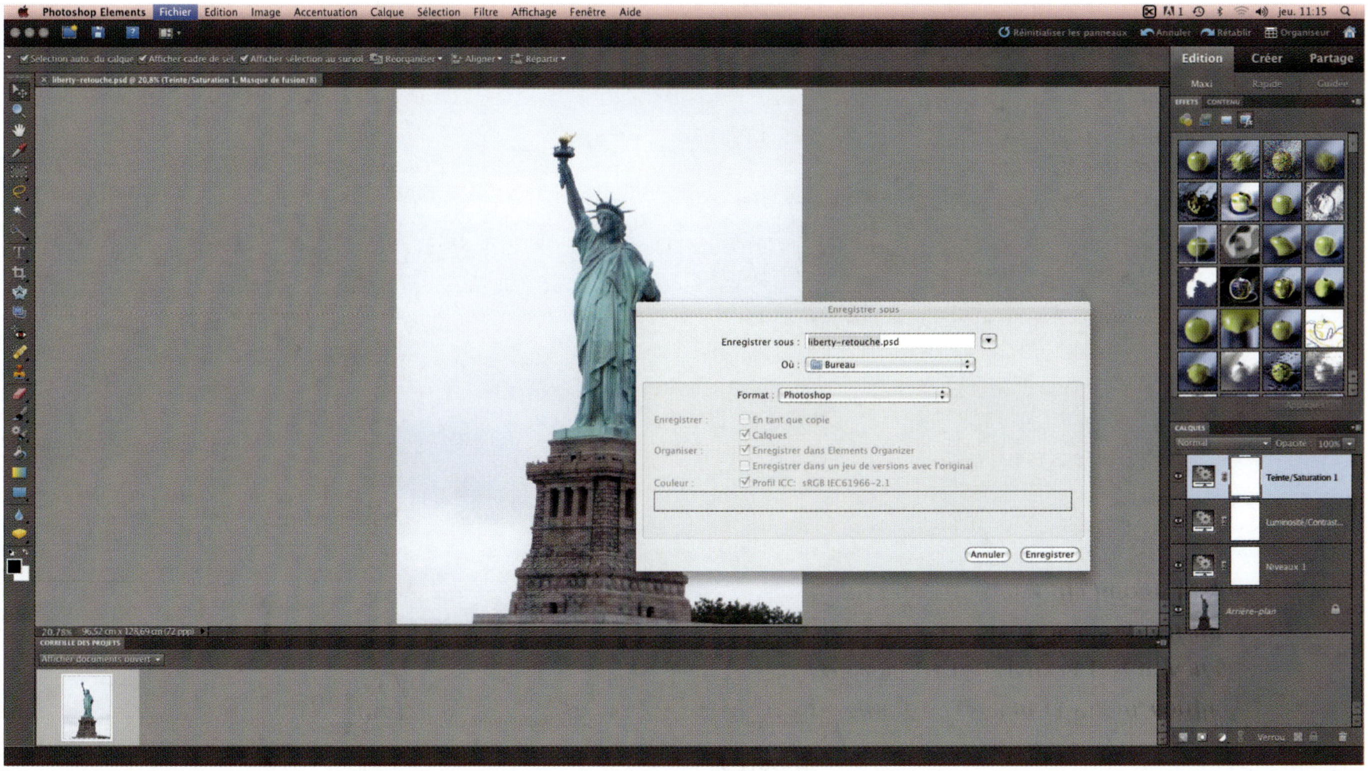

SAUVEGARDE

Enregistrer au format .jpeg signifie "aplatir l'image". Si vous voulez conserver tous vos calques de réglage, sauvegardez une copie de votre image au format .psd, qui correspond au format des fichiers Photoshop et Photoshop Elements. Contrairement au .jpeg, il sera plus lourd et vous ne pourrez l'ouvrir que dans ce logiciel ou certains autres compatibles.

UNE BÊTE IMAGINAIRE

Créez un collage artistique.

Parfois, il arrive que vous ayez dessiné quelque chose, mais vous ne savez pas quoi en faire. Le "Lineart" est prêt. Vous pouvez le coloriser, mais il est également possible de le mélanger à des photos. Au final, vous obtenez un visuel intéressant.

Step By Step

Sylvie Lesas
est auteur graphiste PAO et Web freelance. Elle a plusieurs livres à son actif (Photoshop Elements 7 ; Photoshop ; Mac, Illustrator et Flash...). Passionnée par le graphisme, l'écriture et la mise en pages, retrouvez-la sur http://sylgraph.deviantart.com.

SUR LE CD
Vous trouverez sur le CD le résultat final. La photo 13287493 vient du site Fotolia, copyright : cnc machine tool – yang yu.

01 OUVRIR UNE PHOTO

Ouvrez la photo lineart.tif (Fichier> Ouvrir).

Localisez-la sur votre ordinateur puis appuyez sur Ouvrir.

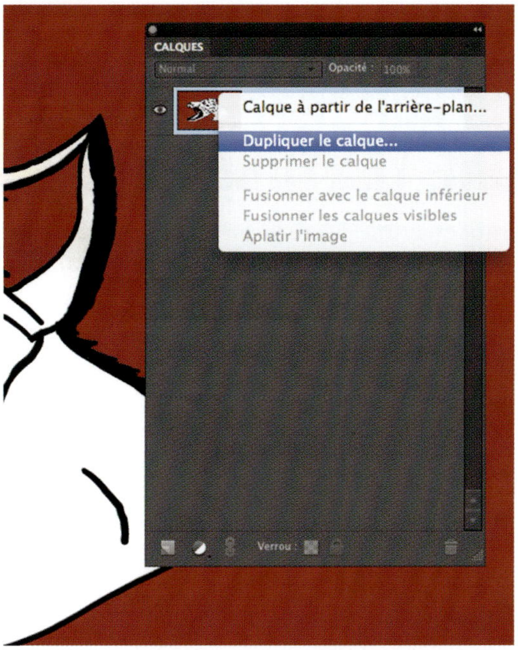

02 DUPLIQUER

Faites une copie de votre image, afin que vous disposiez toujours de l'original en cas d'erreur de manipulation. Dans les Calques, cliquez sur la vignette du calque puis choisissez Dupliquer le calque. Nommez-le comme vous le souhaitez. Masquez l'original par un clic sur l'icône en regard du calque.

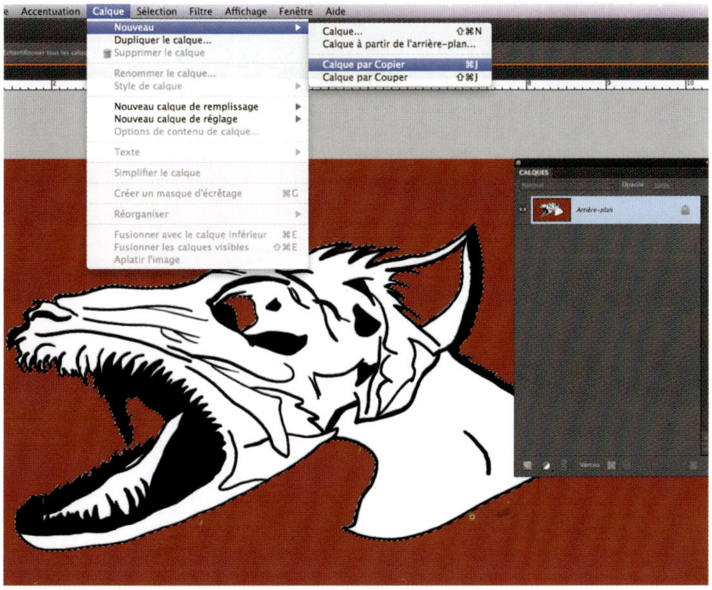

03 DÉTOURER LE LINEART

Détourez l'animal avec l'outil Baguette magique. Dans la barre d'options, cliquez sur Ajouter à la sélection puis sélectionnez l'arrière-plan. Inversez la sélection (Sélection> Intervertir). Placez la sélection sur un nouveau calque (Calque> Nouveau> Calque par Copier). Supprimez le fond. Pour cela, faites glisser son icône sur la corbeille située en bas du panneau.

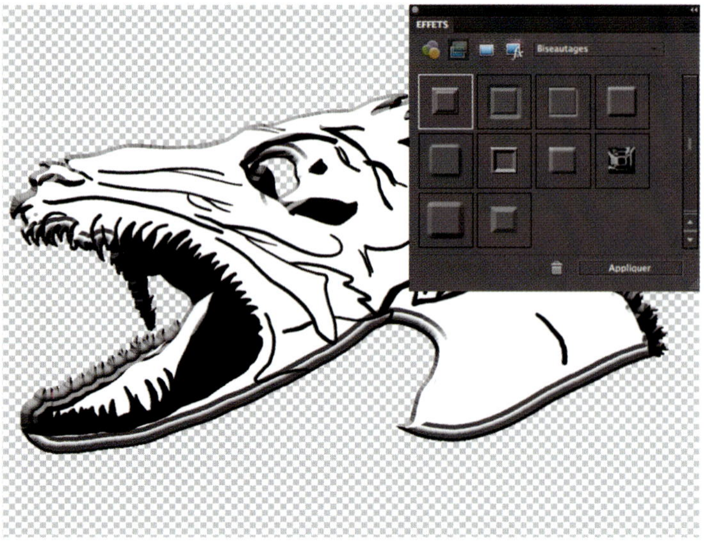

04 APPLIQUER UN EFFET 3D

Sélectionnez l'animal via Ctrl/Cmd+clic sur la vignette du calque.

Dans le panneau Effets, cliquez sur l'un des effets 3D de la catégorie Biseautage puis sur le bouton Appliquer, pour valider votre choix.

05 IMPORTER UNE TEXTURE PARCHEMIN

Importez une texture parchemin (Fichier> Importer). Sélectionnez-la puis cliquez sur Importer. Si vous n'en avez pas, scannez la couverture d'un vieux livre.

Appuyez sur l'icône en forme de V pour confirmer l'importation.

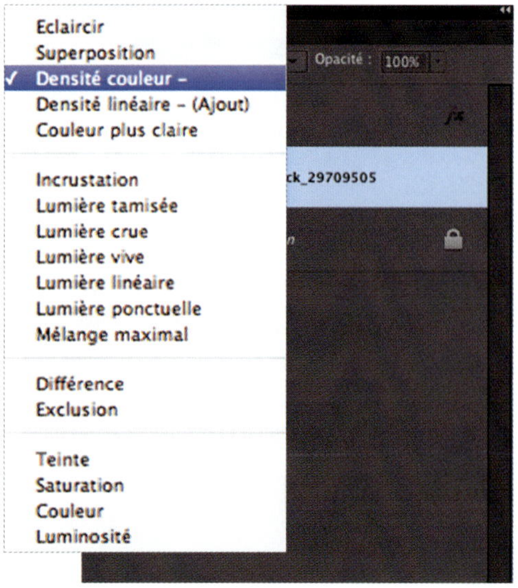

06 MODIFIER LE MODE DE FUSION DU CALQUE

Dans les Calques, changez le mode de fusion du calque en mode Densité couleur -, afin de fondre le Lineart avec la texture. Assurez-vous que cette dernière est en dessous de l'animal. Si ce n'est pas le cas, cliquez sur son calque puis faites-le glisser à la position voulue.

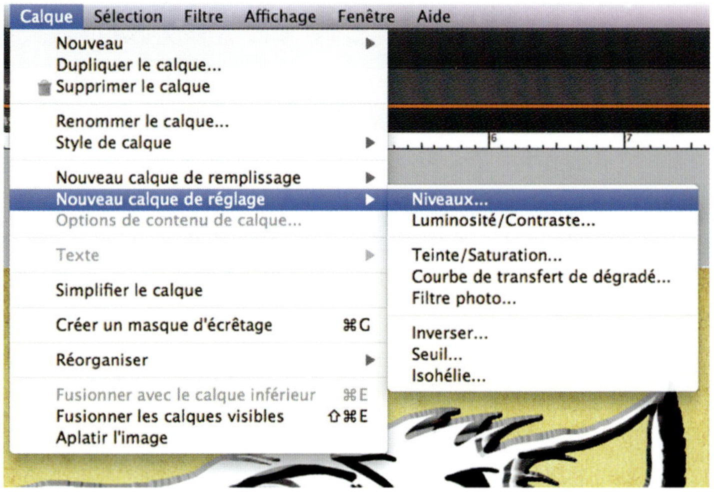

07 AJOUTER DU CONTRASTE

Dupliquez l'animal deux fois (Ctrl/Cmd+J).
Passez les modes de fusion des copies en mode Lumière tamisée. Placez-les en dessous de l'original. Ajoutez un calque de réglage Niveaux (Calque> Nouveau calque de réglage> Niveaux).

Dans la boîte de dialogue correspondante, faites glisser le curseur des tons noirs vers celui des tons moyens.

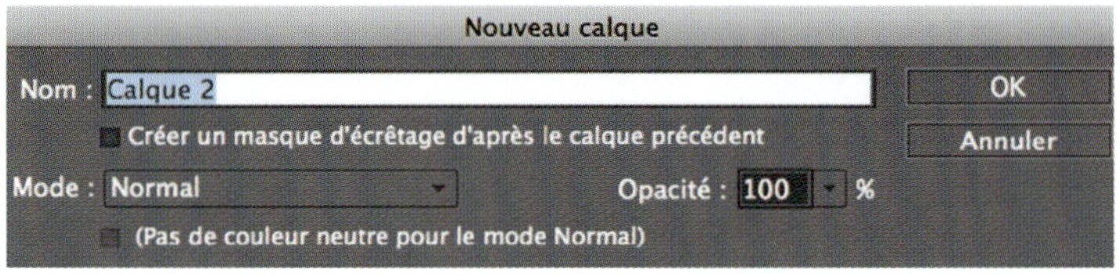

08 CRÉER UN CALQUE

Créez un nouveau calque (Ctrl/Cmd+Maj+N).

Nommez-le, puis cliquez sur OK pour valider votre choix.

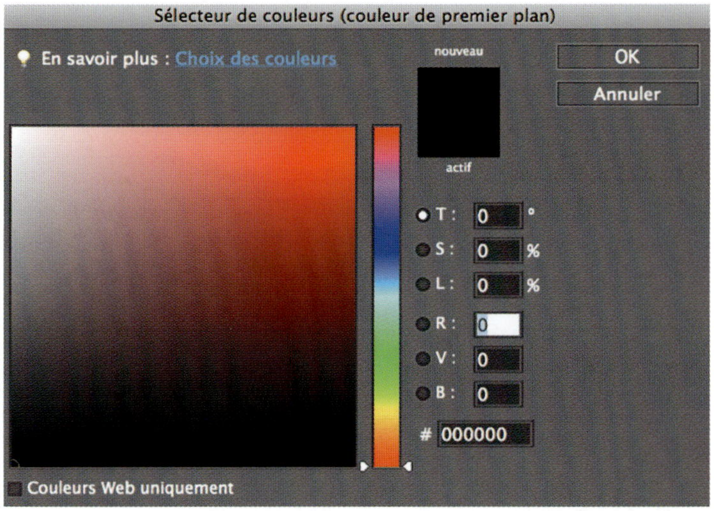

09 CHOISIR UNE COULEUR

En bas de la barre d'outils, cliquez sur la couleur de premier plan afin d'afficher le Sélecteur de couleur. Dans les champs R, V, B, entrez la valeur 255, qui correspond à du blanc. Confirmez votre choix en cliquant sur OK.

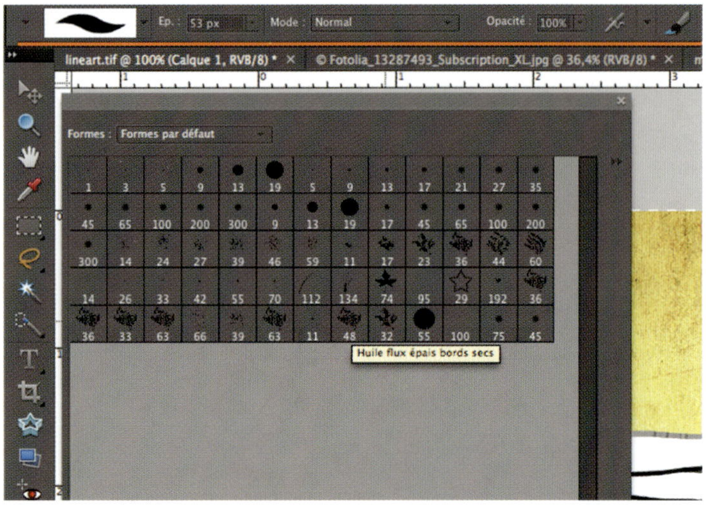

10 SÉLECTIONNER LE PINCEAU

Dans la barre d'outils, activez le Pinceau. Dans sa barre d'options, cliquez sur le triangle situé dans le coin supérieur droit du menu Formes prédéfinies.

Sélectionnez un Pinceau de type craie. Changez sa taille. Pour ce faire, faites glisser le curseur de l'option Ep. vers la droite.

11 PEINDRE SUR LE CALQUE

Cliquez à divers endroits de votre visuel. Si vous trouvez que les effets sont trop denses, modifiez le mode de fusion de son calque ou réduisez son opacité.

Peignez d'autres effets sur différents calques.

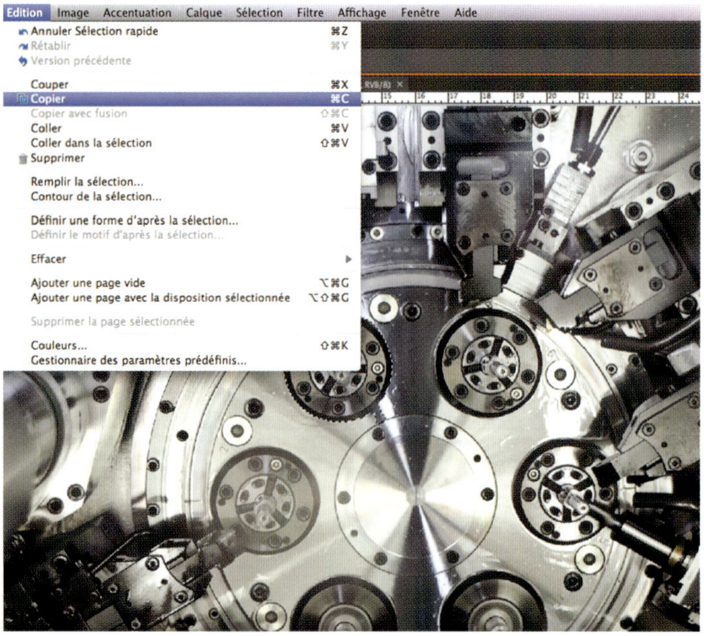

12 MODIFIER SON ŒIL

Ouvrez la photo fotolia_13287493 (Fichier> Ouvrir).

Sélectionnez l'une des deux pièces avec l'outil Sélection rapide. Copiez-la (Ctrl/Cmd+C), puis collez-la sur votre visuel en cours (Ctrl/Cmd+V). Changez le mode de fusion du calque en mode Densité linéaire +.

13 IMPORTER DES IMAGES

Ouvrez des images de villes. Peu importe lesquelles. Sélectionnez les images (Ctrl/Cmd+A). Faites-les glisser avec l'outil Déplacement dans le document en cours. Laissez les bordures visibles. Jouez simplement sur les modes de fusion.

14 TOUCHES FINALES

Ajoutez une texture. Ouvrez le fichier masque.psd. Glissez-le avec l'outil Déplacement dans le visuel.

Dans les Calques, cliquez sur la texture. Fusionnez-la avec le masque importé (Calque> Fusionner avec le calque inférieur). Dans la boîte de dialogue, cliquez sur Conserver. Sur le masque, mixez la texture avec le visuel à l'aide d'un Pinceau noir flou.

SORTIR UNE IMAGE DE SON CADRE

Utiliser l'effet Hors limites de Photoshop Elements.

Step By Step

Annaëlle Perra
Touche à tout passionnée de photo et de graphisme, Annaëlle est entièrement autodidacte. Elle s'intéresse plus particulièrement aux logiciels Photoshop, Photoshop Elements et Flash.

SUR LE CD
Vous trouverez sur le CD l'image de départ.

Afin de créer un effet original sur vos photos, l'effet Hors limites en ajoute un, tout en laissant une partie de l'image à l'extérieur. Le résultat obtenu apparaît en trois dimensions et s'avère particulièrement réaliste, idéal pour donner du relief à vos clichés.

01 CHOISIR LA PHOTO

Ouvrez l'éditeur Photoshop Elements et choisissez l'image à utiliser. Privilégiez une image dont le sujet principal se détache particulièrement du fond, afin de faciliter la sélection. Dans cet exemple, l'otarie noire sur fond bleu est particulièrement adaptée à ce type d'exercice.

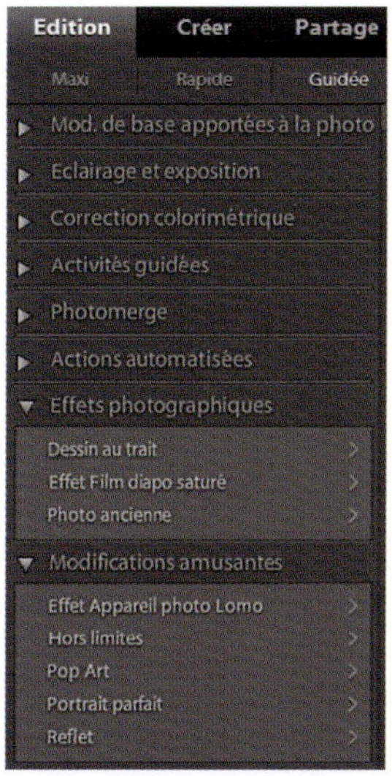

02 L'EFFET HORS LIMITES

L'effet Hors limites est un effet guidé, que vous pouvez réaliser en suivant pas à pas la procédure décrite.

Activez l'onglet Edition> Guidée puis choisissez Hors limites dans la section Modifications amusantes. Un assistant vous guide tout au long du processus de création de l'effet.

03 PLACER LE CADRE

Cliquez sur le bouton Ajouter un cadre. Un cadre par défaut apparaît sur l'image.

Ajustez sa largeur et sa hauteur afin de définir la partie de l'image qui sera à l'intérieur du cadre. Dans cet exemple, seul le corps est sélectionné, la tête de l'otarie ainsi que sa nageoire droite seront à l'extérieur du cadre.

Validez. La partie sélectionnée apparaît.

04 CRÉER LA PERSPECTIVE ET L'INCLINAISON

Afin de créer la perspective, maintenez les touches Ctrl/Cmd+Alt+Maj enfoncées tout en glissant-déplaçant les poignées de redimensionnement. La perspective choisie ici correspond à la position de l'otarie, légèrement inclinée sur la droite. Cliquez sur la coche verte lorsque vous êtes satisfait. Vous pouvez modifier la hauteur et la largeur du cadre pour ajuster la taille du contour blanc.

05 SÉLECTION RAPIDE

L'étape suivante consiste à sélectionner la partie qui sera en dehors du cadre. Dans cet exemple, il s'agit du cou et de la tête de l'otarie. Cliquez sur le bouton Sélection rapide. Il s'agit de l'unique outil disponible ; et c'est bien ce qui fait la principale difficulté de cet effet. Avec un sujet qui ne se démarque pas suffisamment de l'arrière-plan, il s'avèrera particulièrement compliqué de le sélectionner. Zoomez sur l'image à 300 %. Cliquez sur la tête de l'otarie puis poursuivez la sélection sur la nageoire. Il n'est pas utile d'effectuer la sélection dans le cadre. Évitez autant que possible de sélectionner l'eau tout autour.

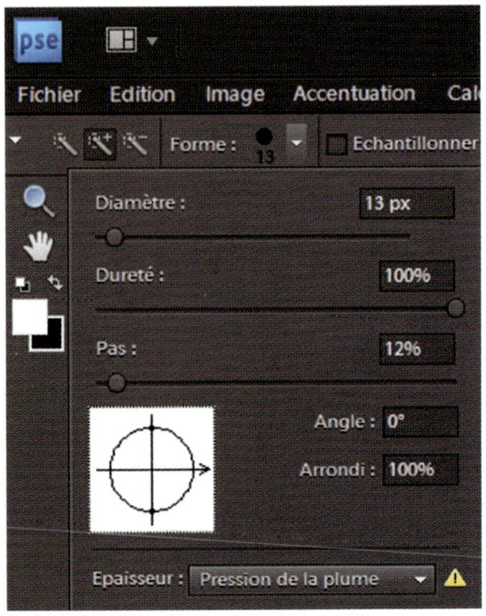

06 CRÉER LE HORS LIMITES

Cliquez maintenant sur le bouton Créer Hors limites, afin d'appliquer l'effet sur l'image. La partie sélectionnée semble sortir du cadre. Si la sélection n'est pas parfaite et que certaines zones d'eau apparaissent, vous aurez la possibilité de les retoucher ultérieurement. Afin de donner plus de relief à l'image, vous pouvez lui ajouter un ton foncé moyen en cliquant sur le bouton Moyen.

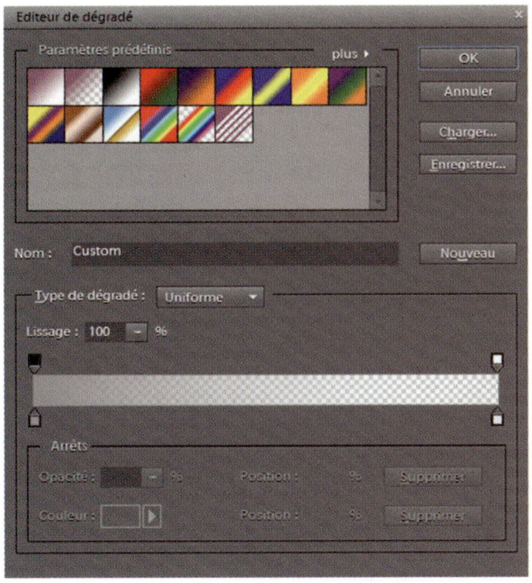

07 DÉGRADÉ

Pour finaliser l'effet, cliquez sur le bouton Ajouter un dégradé. Par défaut, un dégradé radial noir et blanc est créé. Vous pouvez cliquer sur la liste déroulante Dégradé afin d'ajouter de nouveaux dégradés prédéfinis ou de créer votre propre dégradé. Cliquez sur le curseur gris situé à gauche et choisissez une couleur. Faites de même en cliquant sur le carré situé entièrement à droite. Votre dégradé est automatiquement créé. Cliquez sur le bouton Nouveau afin que sa vignette s'affiche à côté des autres dégradés prédéfinis.

08 RETOUR À L'INTERFACE D'ÉDITION

Cliquez sur le bouton Terminer. Activez ensuite l'onglet Edition> Maxi puis affichez le panneau Calques. Vous remarquez que chaque étape a été décomposée sur un calque distinct. Il suffit donc de sélectionner le calque du cadre, pour modifier sa couleur, ou le calque du fond, pour transformer le dégradé.

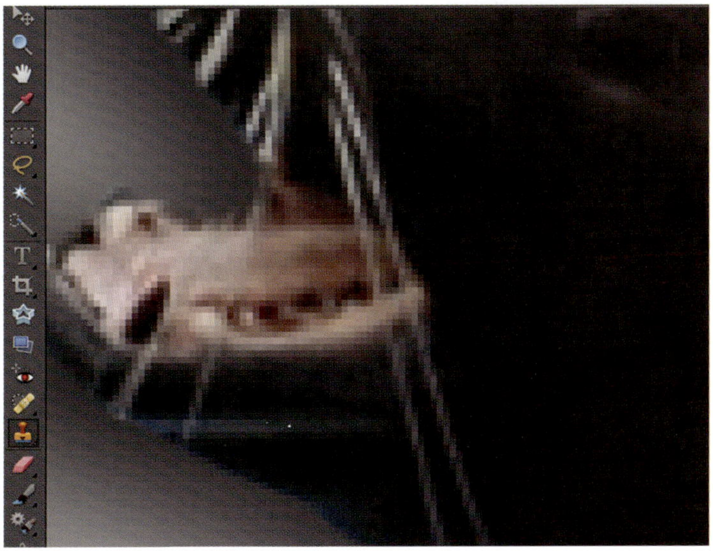

09 GOMMER OMBRES ET REFLETS

En dépit d'une sélection précise, des reflets bleutés apparaissent le long du cou de l'otarie. Les contours présentent également plusieurs rangées de pixels bleus. Pour les supprimer, zoomez à 300 %. Sélectionnez le calque contenant le masque de fusion et activez l'outil Gomme (E). Ajustez l'épaisseur de l'outil et cliquez sur les contours pour supprimer les pixels bleus. Afin d'effacer les reflets présents sur le cou de l'otarie, faites appel à l'outil Tampon de duplication (S). Choisissez la zone à dupliquer avec l'outil Alt, puis cliquez successivement pour effacer les pixels bleus et les remplacer par des pixels noirs.

AMÉLIORER UNE IMAGE MAL SCANNÉE

Redressez une image et appliquez des réglages basiques pour améliorer une photo lorsqu'elle a été scannée un peu de biais.

Laura Csajagi
est une jeune Illustratrice romantique, spécialisée dans la fantasy et le merveilleux. Elle évolue sur divers projets à travers l'édition, la publicité et le jeu vidéo. N'hésitez pas à aller jeter un œil sur son site www.laurart.book.fr pour y découvrir son travail.

SUR LE CD
Vous trouverez sur le CD la photo en haute définition, ainsi que le fichier .psd final avec les calques.

Grâce aux outils Redressement, Recadrage et quelques calques de réglage, nous allons voir comment améliorer une image scannée.

01 POUR COMMENCER

Ouvrez votre document scanné. Malheureusement, il n'est pas droit et on voit le fond du scanner. Pour le redresser, nous allons voir deux solutions : l'outil Redressement de Photoshop Elements ainsi que la fonction Recadrer.

02 SOLUTION 1 : L'OUTIL REDRESSEMENT

L'outil Redressement de Photoshop Elements permet de redresser une image quand l'horizon n'est pas droit. Il suffit de cliquer sur l'outil Redressement (P) et de tracer une ligne dans l'image pour désigner quel axe s'alignera désormais sur l'horizon.

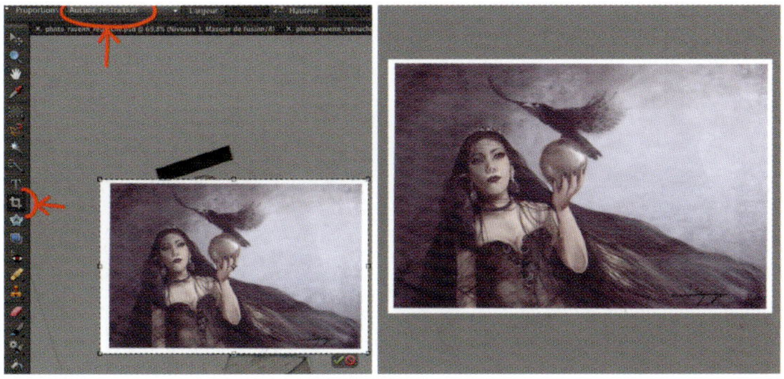

03 RECADRAGE

Sélectionnez l'outil Recadrage (C) et délimitez la zone à recadrer. N'oubliez pas de cocher l'option Aucune restriction dans la case Proportion, dans la barre au-dessus ; ainsi, vous n'aurez pas de contrainte d'homothétie ou de réduction de taille de l'image.

Double-cliquez sur votre sélection et l'image se recadre automatiquement.

04 SOLUTION 2 : L'OUTIL RECADRAGE

Une autre solution existe pour redresser votre image, c'est l'outil Recadrage que nous venons de voir précédemment. Pour tester cette méthode, ouvrez à nouveau votre image de base. Sélectionnez l'outil Recadrage (C) et formez un rectangle approximatif autour de la zone à recadrer. En relâchant la souris, vous pouvez désormais pivoter ce rectangle et l'ajuster parfaitement à votre zone. Double-cliquez sur votre sélection et l'image se recadre automatiquement, comme précédemment.

05 RÉGLER LES CONTRASTES

La photo est maintenant recadrée, mais elle manque de contraste. Pour régler ce problème, ajoutez un calque de réglage au-dessus de votre image en cliquant sur Calque> Nouveau calque de réglage> Luminosité/Contraste ou sur le symbole du yin et du yang, en bas du panneau des Calques. Grâce à ce calque, vous pouvez modifier en même temps la luminosité et le contraste. Réglez comme ceci : Luminosité 0 ; Contraste 60.

06 RÉGLER LES NIVEAUX

Réglez maintenant les Niveaux de l'image en ajoutant un nouveau calque de réglage. Comme précédemment, cliquez sur Calque> Nouveau calque de réglage> Niveaux ou sur le symbole du yin et du yang, en bas du panneau Calques. Pour corriger les Niveaux, apparaît une réglette avec trois curseurs. En déplaçant celui de gauche, on agit sur le noir ; en déplaçant celui de droite, on agit sur le blanc. Ces deux curseurs sont assez extrêmes, il vaut mieux, surtout, bouger celui du milieu, qui agit sur toute l'image. Réglez comme ceci : 0, 0,87, 255 ; Niveaux de sortie 0, 255.

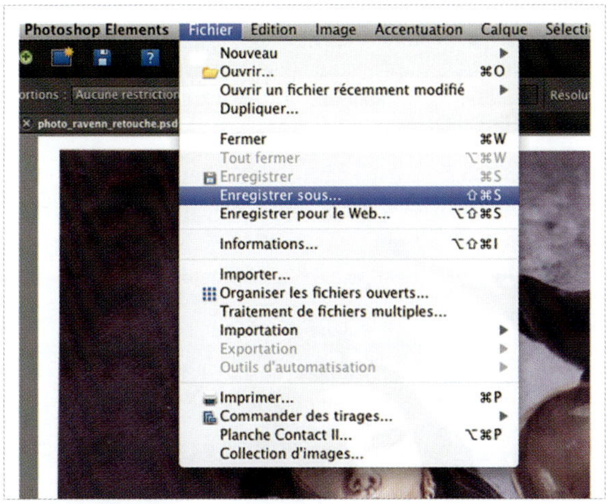

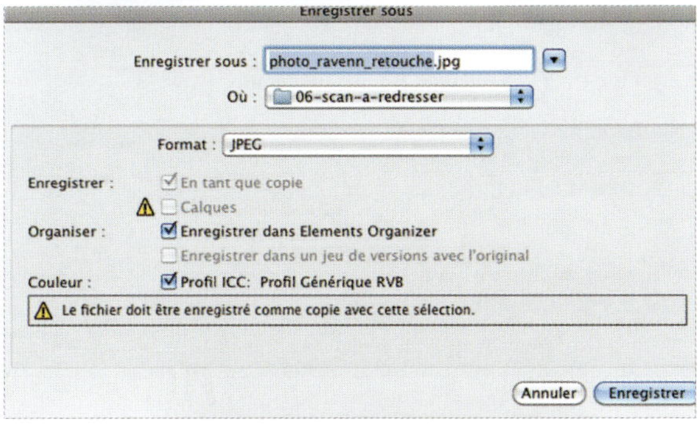

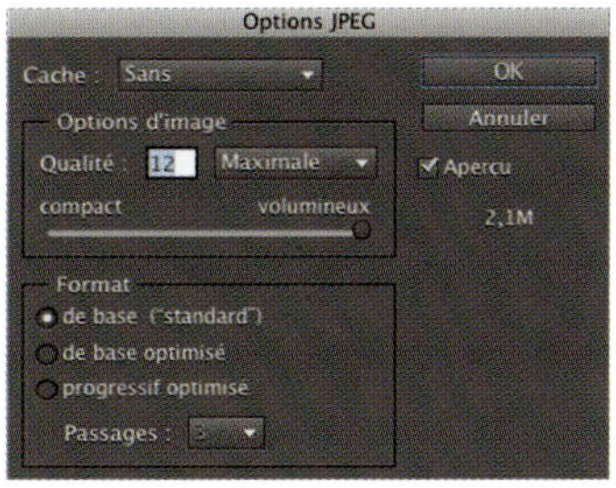

07 ENREGISTRER

La retouche est maintenant terminée. Il faut à présent enregistrer l'image.

Pour cela, cliquez sur Fichier> Enregistrer sous (Ctrl/ Cmd+Maj+S), au format .jpeg, en donnant un nouveau nom à votre photo. Une fenêtre s'ouvre alors, dans Options d'image, choisir Qualité maximale.

Si vous désirez que votre image soit moins lourde lors de l'enregistrement, baissez la qualité de l'image dans la fenêtre d'option .jpeg.

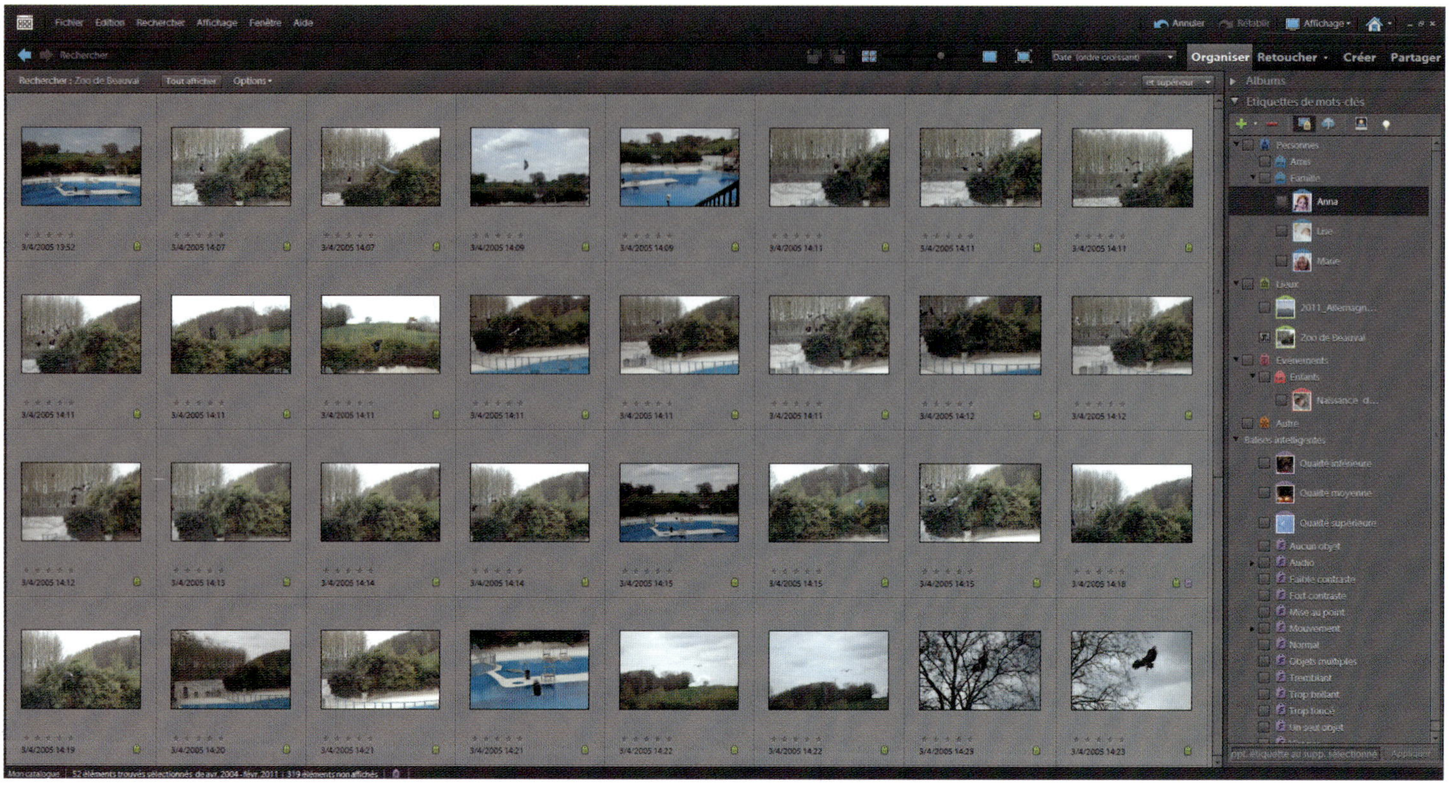

ALBUMS DYNAMIQUES ET ÉTIQUETTES

Classer et organiser ses images avec l'organiseur.

Step By Step

Annaëlle Perra

Touche à tout passionnée de photo et de graphisme, Annaëlle est entièrement autodidacte. Elle s'intéresse plus particulièrement aux logiciels Photoshop, Photoshop Elements et Flash.

Grâce à l'organiseur de Photoshop Elements, vous pouvez classer vos photos dans des albums par catégories qui seront automatiquement mises à jour, mais aussi effectuer un tri par mots-clés. Des étiquettes attribuées à chacune de vos images –selon de multiples critères, parmi lesquels le lieu de prise de vue, les personnes, mais aussi la qualité de l'image ou l'intensité du contraste – facilitent l'organisation de vos clichés.

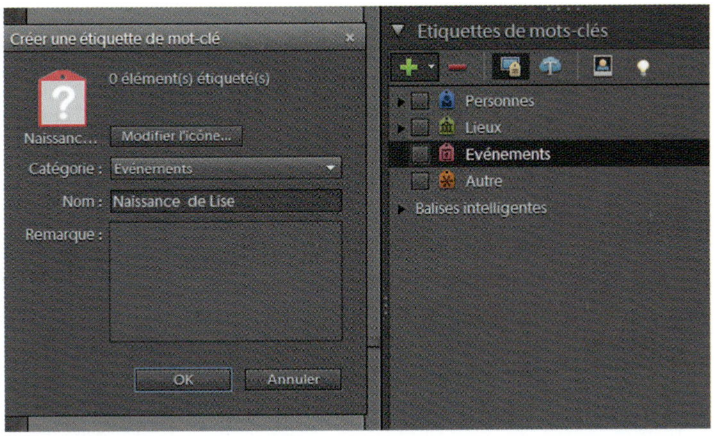

01 ATTRIBUER UNE ÉTIQUETTE AUX MOTS-CLÉS

Ouvrez l'organiseur. Dans le panneau Étiquettes de mots-clés, cliquez sur le bouton +. Sélectionnez Nouvelle étiquette de mot-clé. Choisissez une catégorie, par exemple Événements. Nommez votre étiquette. La nouvelle étiquette apparaît sous la catégorie Événements. Glissez-déplacez votre étiquette vers une photo afin de la lui attribuer. Une icône correspondant à l'étiquette attribuée apparaît sous la vignette de votre image.

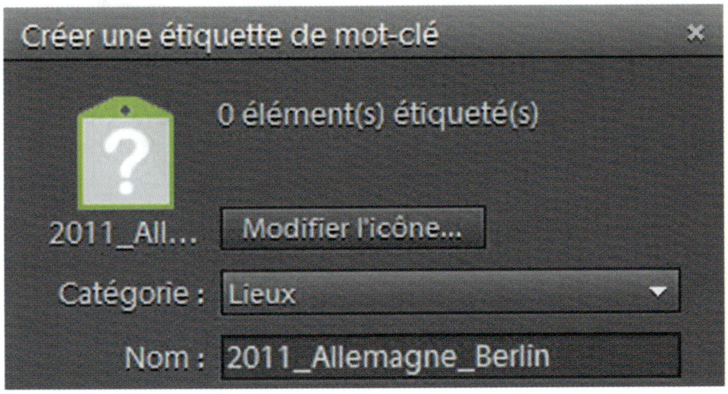

02 NOMMER EFFICACEMENT SES ÉTIQUETTES

Pour retrouver plus facilement vos images par la suite, il est conseillé de hiérarchiser précisément le nom de vos étiquettes. Ainsi, dans le cas d'un événement, en spécifiant l'année puis le type d'événement, par exemple. Pour un lieu, vous pouvez mentionner le pays, suivi de la ville ou de la région, etc. Il n'existe pas de règles absolues à suivre, tout dépend principalement de l'usage fait de vos images. Cependant, un nommage précis permet d'éviter par la suite les redondances dans les catégories de mots-clés.

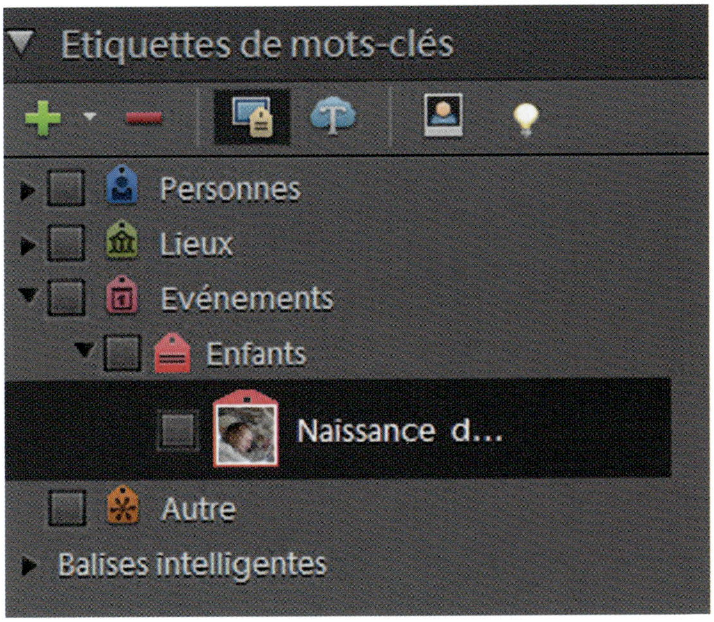

03 CATÉGORIES ET SOUS-CATÉGORIES D'ÉTIQUETTES

L'organiseur permet de classer vos étiquettes de mots-clés par catégories et sous-catégories, pour affiner encore davantage le tri de vos images. Cliquez sur le bouton + dans le panneau Étiquettes et sélectionnez Nouvelle catégorie ou Nouvelle sous-catégorie. Si vous créez une sous-catégorie, choisissez une catégorie apparentée, c'est-à-dire la catégorie se situant au niveau juste au-dessus de votre catégorie et validez. Il suffit ensuite de glisser-déplacer les étiquettes dans les catégories et sous-catégories de votre choix depuis le panneau Étiquettes de mots-clés.

04 BALISES INTELLIGENTES

En plus des étiquettes de mots-clés personnalisées, Photoshop Elements dispose d'étiquettes de mots-clés prédéfinies qui correspondent à divers critères techniques, comme la qualité de l'image, le type de contraste, le nombre de visages présents, etc. Celles-ci sont affectées automatiquement à vos images. Vous pouvez également affecter manuellement une balise intelligente à une image par glisser-déplacer.

05 DÉTECTION AUTOMATIQUE DES VISAGES

Photoshop Elements est capable de détecter automatiquement les visages des personnes représentées dans vos images, afin d'éviter d'attribuer manuellement une étiquette de mot-clé avec le nom de chacun. Lorsque vous importez une image et que l'organiseur détecte un visage, un cadre blanc apparaît.

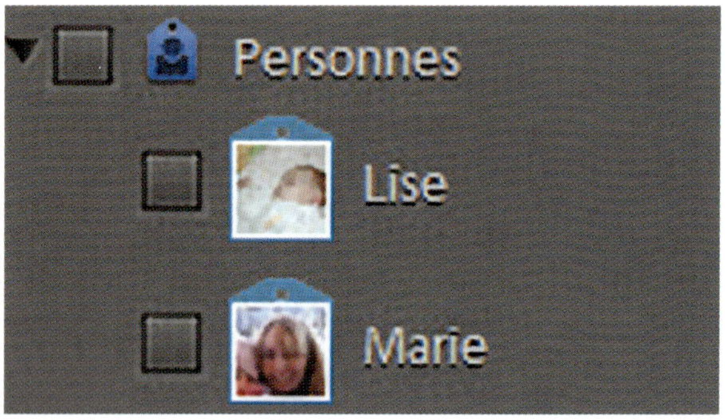

Cliquez dessus pour entrer le nom de la personne dans la zone de texte "Qui est-ce ?" La nouvelle étiquette apparaît dans la section Personnes. Deux sous-catégories, Amis et Famille, sont déjà présentes par défaut dans la catégorie Personnes. Glissez-déplacez la nouvelle étiquette dans la catégorie de votre choix. Vous pourrez ensuite trier vos photos par Amis, Famille ou Personnes en cochant la case située devant le nom de son étiquette.

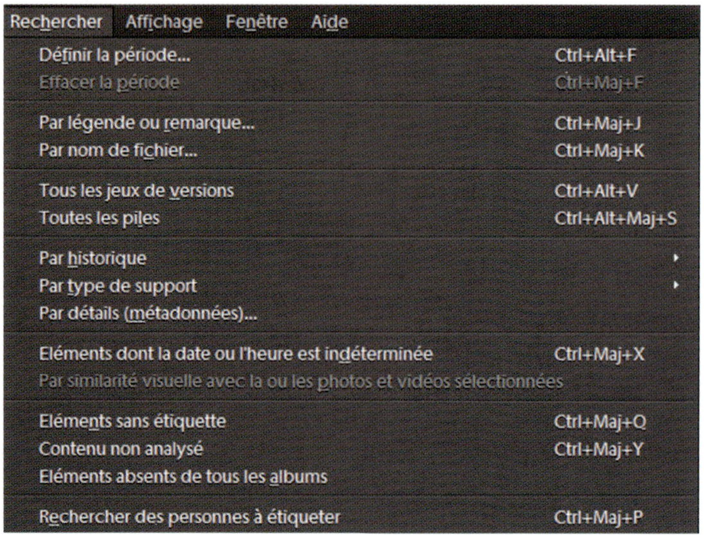

06 RECHERCHER UNE IMAGE GRÂCE AUX ÉTIQUETTES

Afin de rechercher des images à partir d'une ou plusieurs étiquettes de mots-clés, cliquez dans la case située devant l'étiquette du panneau Étiquettes de mots-clés. Une paire de jumelles apparaît. L'organiseur affiche uniquement les vignettes des photos correspondant aux étiquettes de mots-clés sélectionnés. Il est également possible d'entrer directement un mot-clé dans la barre de recherche situé en haut de l'interface de l'organiseur. Enfin, vous pouvez faire appel au menu Rechercher pour effectuer un tri par période, légende, nom de fichier, etc. Pour afficher de nouveau toutes les images, cliquez sur le bouton Tout afficher.

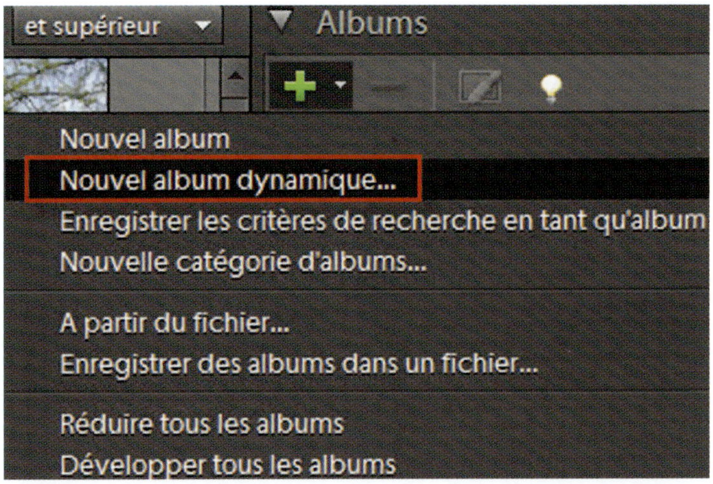

07 CRÉER UN ALBUM DYNAMIQUE

Cliquez sur le bouton + du panneau Albums et choisissez Nouvel album dynamique. La création d'album permet de regrouper plusieurs images par catégorie, telles que fêtes de famille ou vacances. Il suffit d'y insérer manuellement vos images pour l'enrichir. Avec la création d'un album dynamique, celui-ci est automatiquement mis à jour au fur et à mesure, selon les critères d'ajout d'images que vous aurez préalablement spécifiés.

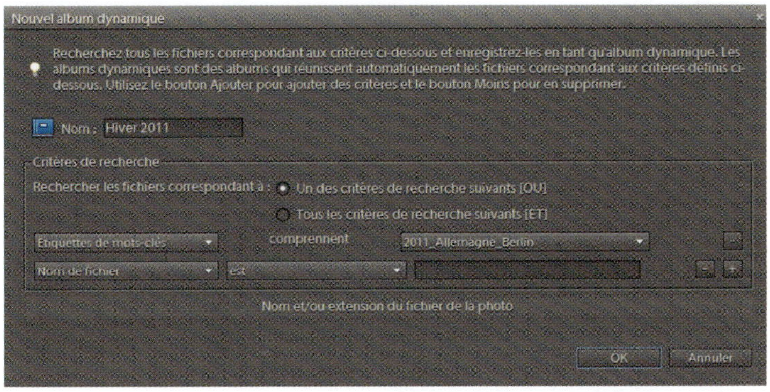

08 METTRE À JOUR UN ALBUM DYNAMIQUE

Nommez votre album puis définissez les critères qui permettront de l'enrichir. Vous pouvez définir comme critère le nom de fichier, une étiquette, le nom d'une personne détectée lors de la reconnaissance de visages, etc. Dans le panneau Albums, les albums dynamiques sont différenciés des albums classiques par la couleur bleue de leur icône.

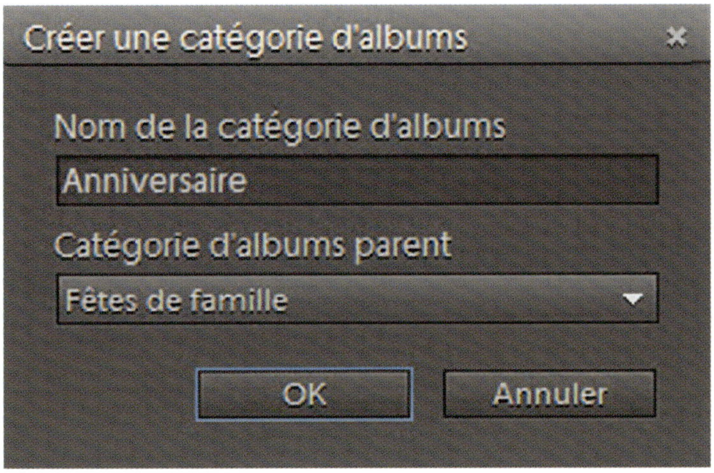

09 CRÉER DES CATÉGORIES ET SOUS-CATÉGORIES D'ALBUM

Cliquez sur le bouton + dans le panneau Albums et sélectionnez Nouvelle catégorie d'albums. Sur le même principe que pour les étiquettes, il est possible de créer des catégories et sous-catégories d'albums pour une organisation minutieuse. Pour affecter un album photo à une catégorie ou à une sous-catégorie, choisissez la catégorie souhaitée dans la liste déroulante Catégorie lors de sa création. Supprimer une catégorie ou une sous-catégorie supprime automatiquement les albums qui y sont associés.

CRÉER UN LIVRE PHOTO

Des thèmes pour toutes les occasions.

Annaëlle Perra
*Touche à tout passionnée de photo et de graphisme, Annaëlle est entièrement autodidacte.
Elle s'intéresse plus particulièrement aux logiciels Photoshop, Photoshop Elements et Flash.*

Nombreux sont les sites Web qui proposent la création de livres photo. Photoshop Elements dispose d'une fonction de catalogue photo très intuitive, livrée avec de nombreux modèles à personnaliser pour les principaux événements tels que mariage, anniversaire, vacances, etc.

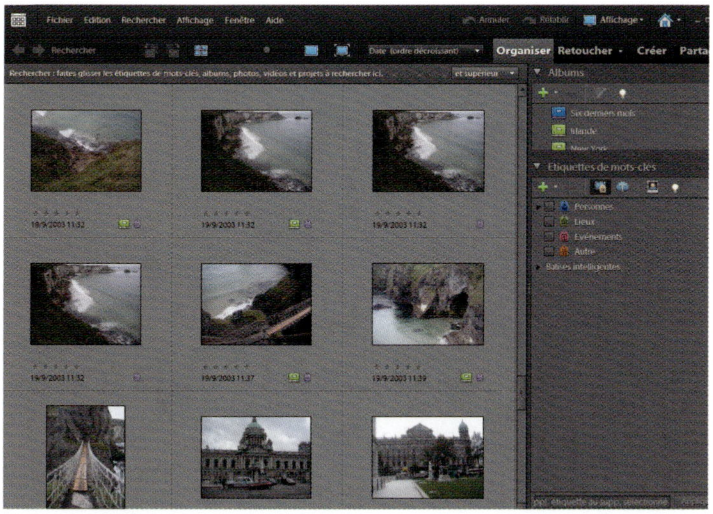

01 ORGANISER SES PHOTOS

Créer un livre photo peut s'avérer une opération longue et particulièrement fastidieuse sans un minimum d'organisation. Il est donc recommandé de trier préalablement vos images et de les renommer, afin qu'elles apparaissent par ordre chronologique.

Importez-les ensuite dans Photoshop Elements.

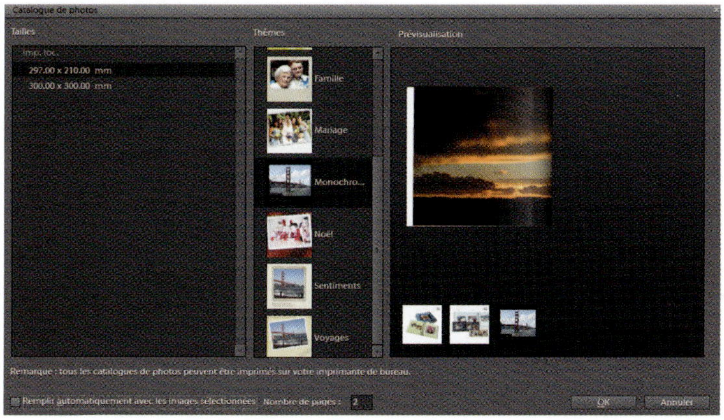

02 CHOISIR UN MODÈLE

Sélectionnez l'onglet Créer> Catalogue de photos. Choisissez votre format parmi les deux options proposées. Nous sélectionnons le modèle monochromatique, particulièrement sobre et élégant, qui s'adapte à tous les types d'image. Décochez la case Remplir automatiquement avec les images sélectionnées et validez.

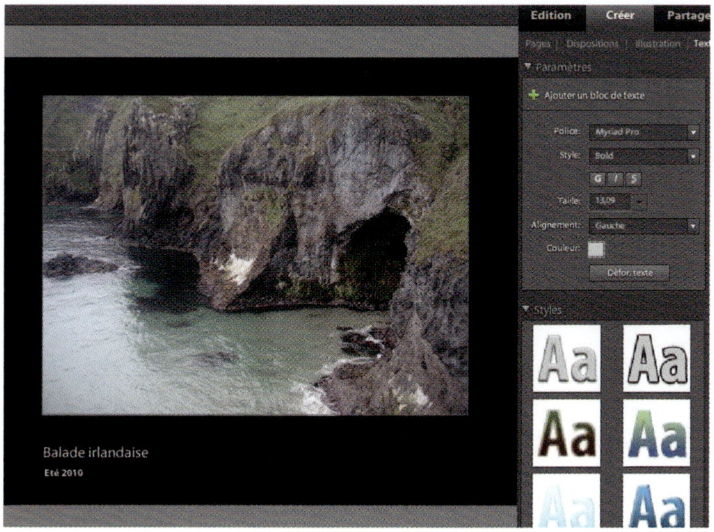

03 CRÉER LA COUVERTURE

Depuis la corbeille des projets, glissez-déplacez l'image de couverture. La photo s'adapte automatiquement au cadre. Cliquez dessus pour la redimensionner, mais aussi l'incliner à l'aide des poignées de redimensionnement. Cliquez ensuite sur le texte, pour le personnaliser en double-cliquant dessus. La police Myriad pro avec une taille de 13 pts est sélectionnée par défaut. Cliquez sur le bouton Défor. Texte, pour donner une inflexion horizontale ou verticale à votre texte. Le panneau Styles de texte offre également de nombreux effets pour vos titres. Pour les appliquer, double-cliquez dessus après avoir sélectionné le texte.

04 INSÉRER DES PAGES

Par défaut, une double page est déjà incluse dans le thème. Sélectionnez la section Pages pour l'afficher. Dans la section Pages, cliquez sur le bouton + pour ajouter de nouvelles pages à votre livre. Vous pouvez supprimer des pages en cliquant sur le bouton -.

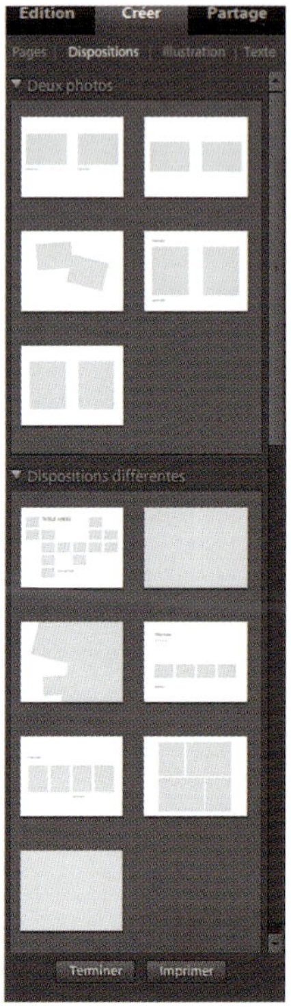

05 MODIFIER L'AGENCEMENT DES IMAGES

Si la disposition des photos ne vous convient pas, allez dans la section Dispositions et glissez-déplacez la disposition de votre choix sur la page de gauche ou de droite. Les dispositions proposées s'appliquent à une seule page. Si des images ont déjà été insérées, les photos sont automatiquement réorganisées en fonction de la disposition choisie.

06 CADRES ET EFFETS

La section Illustration de l'onglet Créer dispose de nombreux cadres à appliquer à vos images. Choisissez votre cadre puis glissez-déplacez-le vers la photo. Si vous souhaitez par la suite supprimer le cadre sans la photo, cliquez avec le bouton droit sur l'image et choisissez Effacer le cadre. Ce menu contextuel permet également de modifier la position de l'image et d'accéder à l'interface de retouche rapide pour effectuer des corrections sur l'image.

07 ENTRER DES LÉGENDES

Vous pouvez ajouter du texte librement ainsi que des légendes à vos images depuis la section Texte. Certaines dispositions incluent l'insertion des légendes par défaut, dans ce cas, ce sont les légendes entrées dans l'Organiseur Elements qui apparaîtront automatiquement dans le livre photo.

08 MODIFIER L'ARRIÈRE-PLAN

Depuis la catégorie Illustrations, vous disposez d'une dizaine d'arrière-plans différents selon le thème choisi. Glissez-déplacez le fond sélectionné vers la double page du livre pour l'appliquer. Toute nouvelle page créée reprendra le même fond, mais vous pouvez tout à fait changer d'arrière-plan au fil des pages de votre livre.

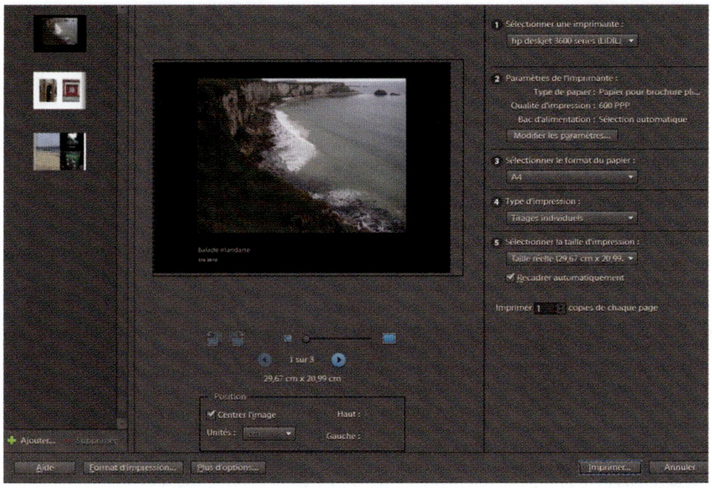

09 IMPRIMER LE LIVRE PHOTO

Choisissez Fichier> Imprimer. Le livre photo s'imprime au format A4, page par page. Personnalisez les paramètres de l'imprimante afin de sélectionner un type de papier adapté. L'ensemble des pages du catalogue peut être visualisé en cliquant sur les flèches de défilement, sous la zone d'aperçu.

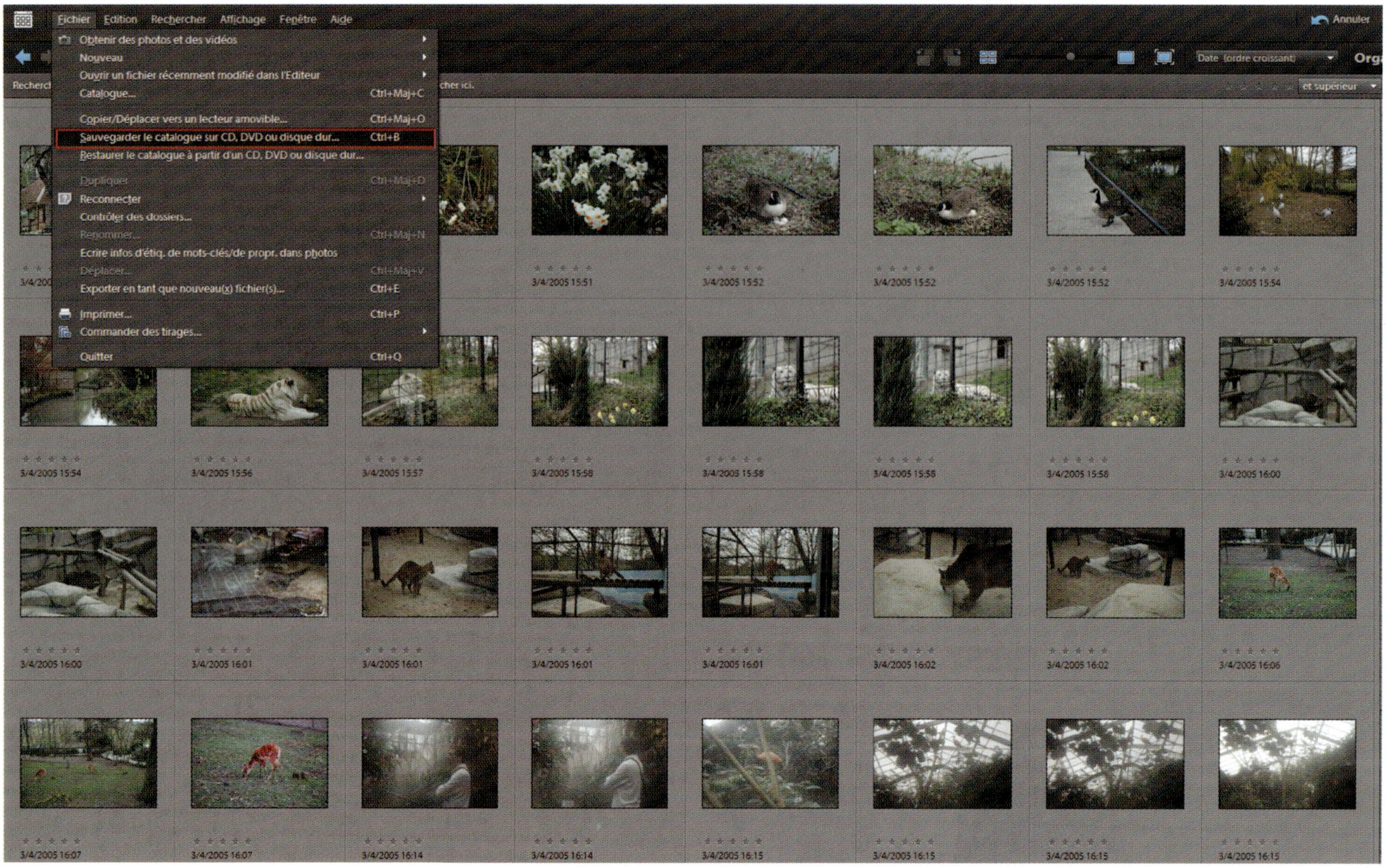

CRÉER UN DVD AVEC VOS PHOTOS

Sauvegardez et partagez vos photos avec Photoshop Elements.

Step By Step

Annaëlle Perra
Touche à tout passionnée de photo et de graphisme, Annaëlle est entièrement autodidacte. Elle s'intéresse plus particulièrement aux logiciels Photoshop, Photoshop Elements et Flash.

Qu'il s'agisse de partager vos plus belles photos avec vos amis en les consultant sur un lecteur de DVD de salon ou de les enregistrer à des fins de sauvegarde, Photoshop Elements dispose de plusieurs options de partage tout spécialement dédiées à cette tâche, afin de graver rapidement et efficacement vos fichiers.

01 SÉLECTIONNER DES PHOTOS

Ouvrez Photoshop Elements et sélectionnez le menu Fichier> Ouvrir. Cliquez sur une image puis maintenez la touche Ctrl/Cmd enfoncée, afin de sélectionner plusieurs photos au sein de votre dossier. Vous pouvez, depuis la corbeille, sélectionner les fichiers à graver. Un cadre bleu apparaît autour des photos sélectionnées.

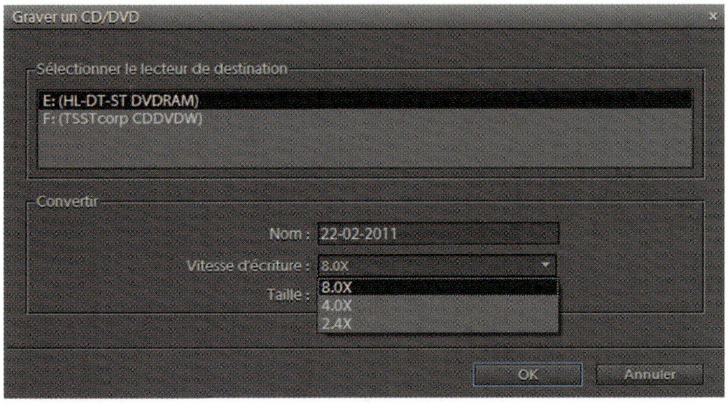

02 LANCER LA GRAVURE

Activez l'onglet Partager puis choisissez plus d'options> CD/DVD. La boîte de dialogue Graver un CD/DVD apparaît à l'écran. Cette option est à privilégier si vous souhaitez graver des photos qui n'ont pas nécessairement été importées dans l'organiseur. Sélectionnez le lecteur de destination, si vous en possédez plusieurs, dans le cas contraire, seul un lecteur s'affiche. Insérez un DVD vierge afin de vous assurer que les photos sélectionnées peuvent être copiées sur le disque.

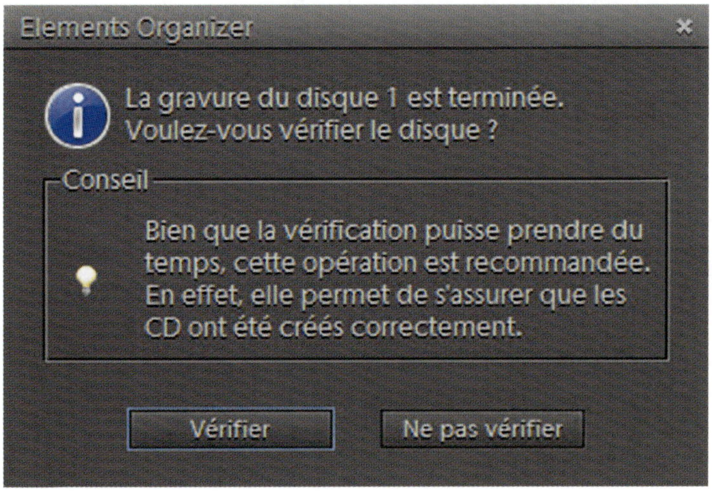

03 ÉCRITURE SUR LE DISQUE

Après avoir sélectionné la vitesse de gravure et donné un nom à votre DVD, la gravure débute automatiquement. Le temps nécessaire varie selon le nombre de photos et la vitesse de gravure. Les fichiers sont copiés sur le disque, une barre de chargement vous informe du temps restant. Lorsque la phase d'écriture est terminée, la boîte de dialogue Vérification apparaît à l'écran.

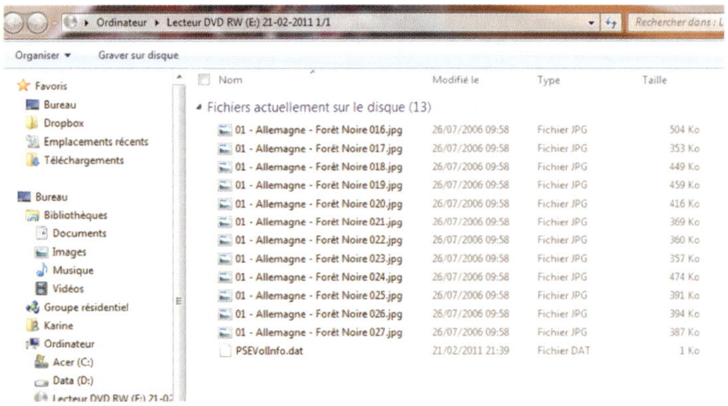

04 VÉRIFIER LE DVD

Cette étape peut sembler un peu fastidieuse, mais permet de vérifier que le processus de gravure s'est correctement déroulé. Double-cliquez sur votre lecteur de DVD afin d'ouvrir l'explorateur de fichiers. Vos photos apparaissent dans l'ordre préalablement sélectionné dans Photoshop Elements. Double-cliquez dessus pour les afficher.

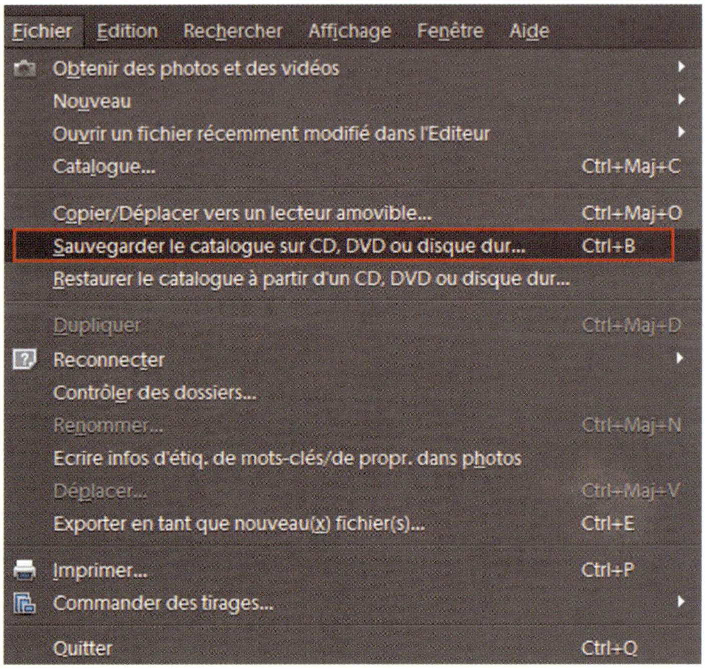

05 SAUVEGARDER UN CATALOGUE DE PHOTOS

Le catalogue correspond à l'ensemble des images qui s'affichent dans l'organiseur. Vous pouvez créer un ou plusieurs catalogues, par utilisateur ou type d'usage, personnel et professionnel, par exemple. Le nom du catalogue apparaît en bas à gauche de l'organiseur ; par défaut, il est nommé "Mon catalogue".

Pour sauvegarder l'ensemble de votre catalogue de photos sur DVD, Photoshop Elements dispose d'une fonction dédiée accessible depuis le menu Fichier> Sauvegarder le catalogue sur CD/DVD ou disque dur.

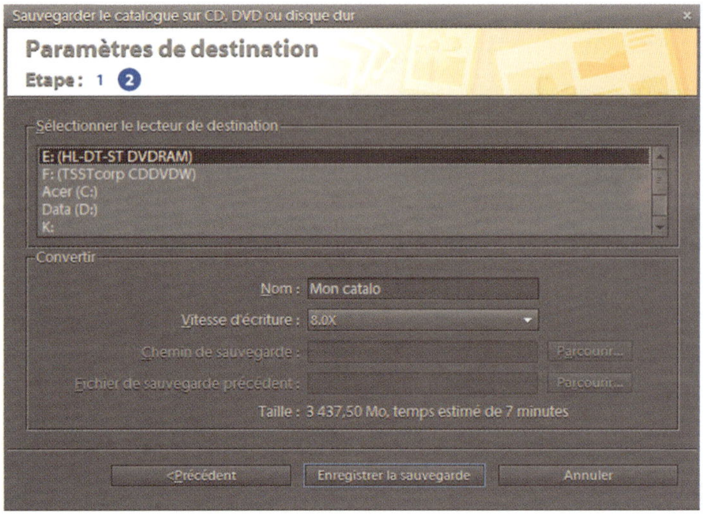

06 SAUVEGARDE COMPLÈTE

Lorsque vous effectuez pour la première fois une sauvegarde de votre catalogue photo, choisissez l'option Sauvegarde complète. Cliquez ensuite sur le bouton Suivant. Choisissez le lecteur de DVD de destination ainsi qu'une vitesse d'écriture. La taille des fichiers et le temps de gravure estimé s'affichent. Cliquez sur le bouton Enregistrer la sauvegarde.

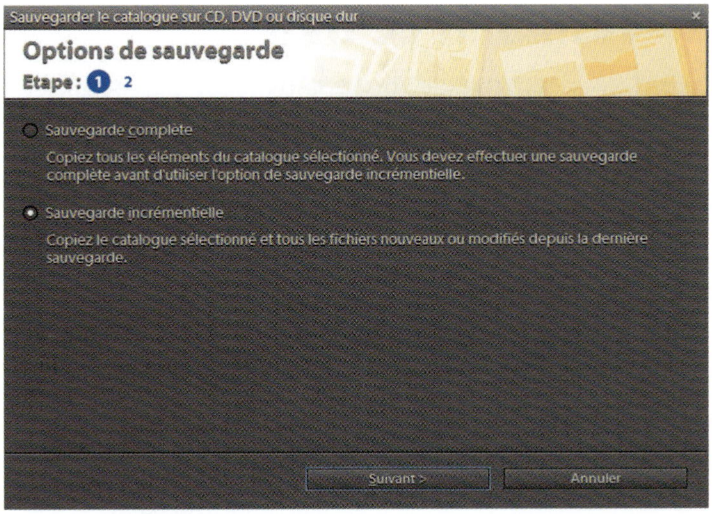

07 SAUVEGARDE INCRÉMENTIELLE

Si vous souhaitez effectuer régulièrement une sauvegarde de votre catalogue photo sans pour autant graver à chaque fois l'intégralité de vos fichiers, optez pour l'option Sauvegarde incrémentielle dans la boîte de dialogue de sauvegarde du catalogue. Seuls les fichiers ajoutés et modifiés depuis la dernière sauvegarde seront pris en compte. Le principe de fonctionnement est similaire à la sauvegarde complète, à l'exception près que vous devrez mentionner l'emplacement du fichier de sauvegarde précédent. Pour incrémenter une sauvegarde depuis un fichier placé sur un DVD, celui-ci doit être réinscriptible.

08 GRAVER UN DIAPORAMA SUR DVD

Pour partager de manière conviviale vos photos, Photoshop Elements dispose d'une autre option de partage sur DVD. Accessible depuis l'onglet Créer> Diaporama de l'organiseur, cette option permet de réaliser un diaporama de vos photos au format WMV sous Photoshop Elements. Cliquez sur le bouton Sortie afin d'enregistrer le diaporama sur un DVD.

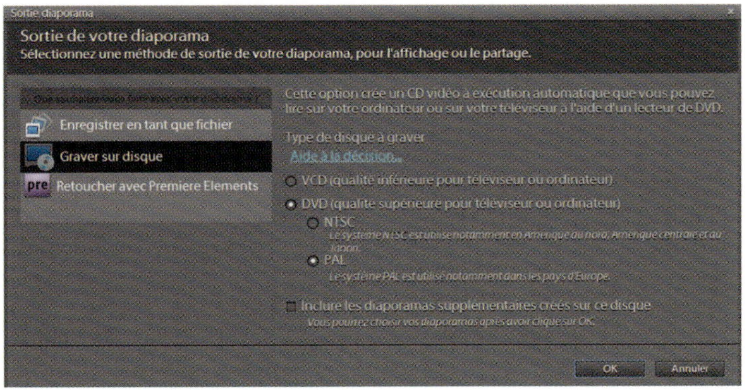

09 OPTIONS DE SORTIE

Dans la boîte de dialogue Sortie de diaporama, sélectionnez Graver sur disque. Cochez l'option PAL, qui correspond au système de lecture utilisé sur les lecteurs de DVD européens. Après avoir enregistré votre diaporama sur le disque, celui-ci est désormais prêt à être gravé à l'aide de Premiere Elements. Vous pourrez y ajouter des transitions ainsi qu'un menu pour piloter les fichiers contenus dans votre DVD.

JAQUETTE DE CD

Step By Step

Annaëlle Perra

Touche à tout passionnée de photo et de graphisme, Annaëlle est entièrement autodidacte. Elle s'intéresse plus particulièrement aux logiciels Photoshop, Photoshop Elements et Flash.

Utilisez les modèles prédéfinis de Photoshop Elements.

À partir d'une image de votre choix, Photoshop Elements se charge de réaliser une jaquette de CD ou DVD que vous pourrez ensuite personnaliser à l'aide des nombreux effets de texte et d'image disponibles.

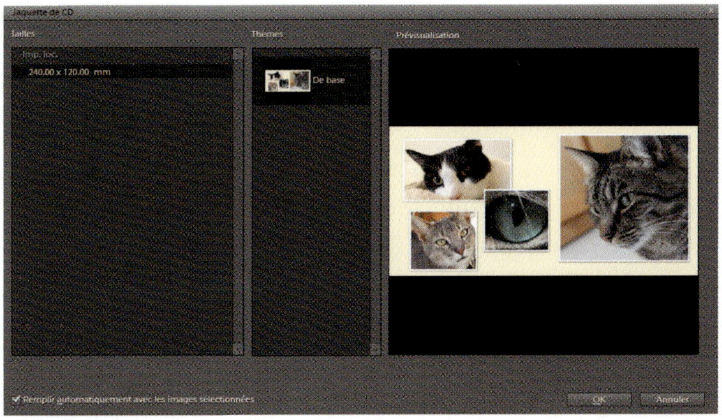

01 CHOIX DU MODÈLE

Ouvrez Photoshop Elements, activez l'onglet Créer et choisissez Jaquette de CD. Un seul modèle est disponible, au format 24 x 12 cm. Validez pour afficher l'assistant de création. Décochez la case Remplir automatiquement avec les éléments sélectionnés.

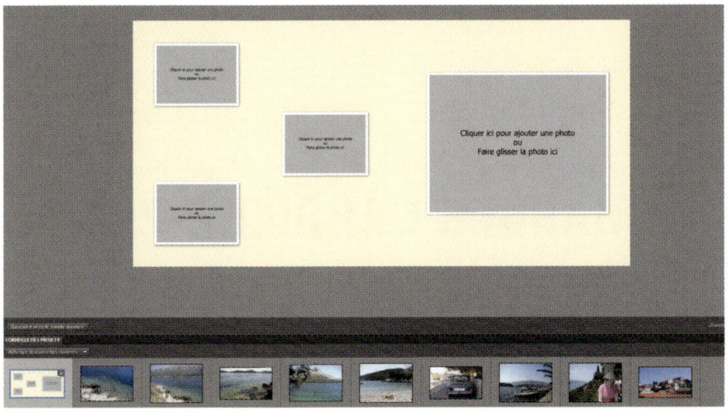

02 IMPORTER LES PHOTOS

La jaquette créée dans cet exemple sert à illustrer un CD de photos. Activez le menu Fichier> Ouvrir afin d'importer les images à utiliser. Celles-ci s'affichent dans la corbeille de projets. Revenez à la création de jaquette en cliquant sur sa vignette.

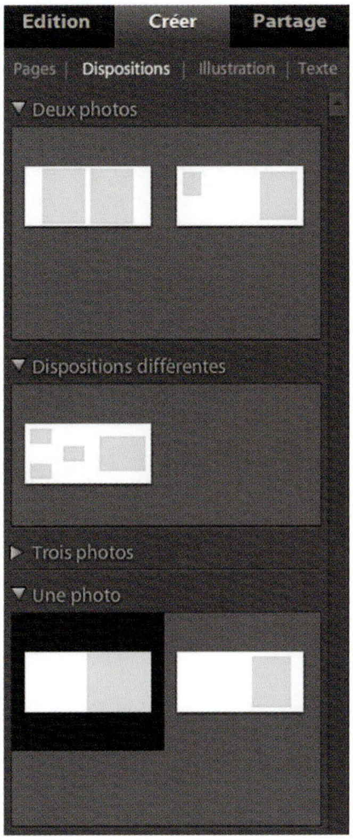

03 MODIFIER L'AGENCEMENT DES IMAGES

Des cadres sont placés par défaut sur la jaquette afin d'y insérer vos images. Mais la photo de couverture s'avère trop petite. Pour modifier la disposition et le format des photos de la jaquette, cliquez sur Disposition dans l'onglet Créer. Dans la section Une photo, optez pour le modèle Entière à droite. Pour l'appliquer, glissez-déplacez le modèle sur la jaquette.

04 AJOUTER DES IMAGES

Glissez-déplacez une photo sur la couverture de la jaquette. L'image est automatiquement redimensionnée. Le curseur de zoom au-dessus du cadre de l'image permet d'ajuster précisément l'image au cadre. Cliquez dessus et glissez-déplacez-la à l'aide des poignées de redimensionnement pour l'insérer dans le cadre. Validez en cliquant sur la coche verte.

05 CHANGER L'ARRIÈRE-PLAN

Afin de modifier le fond coloré de la jaquette, rendez-vous dans le menu Illustration. Un fond gris foncé remplace le fond jaune du modèle de base. Glissez-déplacez-le sur la jaquette pour l'appliquer. Afin d'accéder à l'ensemble des outils de Photoshop Elements et de poursuivre la création de la jaquette, cliquez sur le bouton Terminer. La barre d'outils est de nouveau accessible.

06 INSÉRER LE TITRE

Sélectionnez l'outil Texte (T). Nous optons pour la police Tekton Pro, avec une taille de 36 pts, une couleur blanche et un style bold. Choisissez maintenant l'outil Rectangle de sélection (M). Encadrez votre titre, choisissez le noir en couleur de premier plan. Activez l'outil Pot de peinture (K) et remplissez le rectangle. Maintenez la sélection active, sélectionnez Édition> Contour et ajoutez un contour blanc de 3 px.

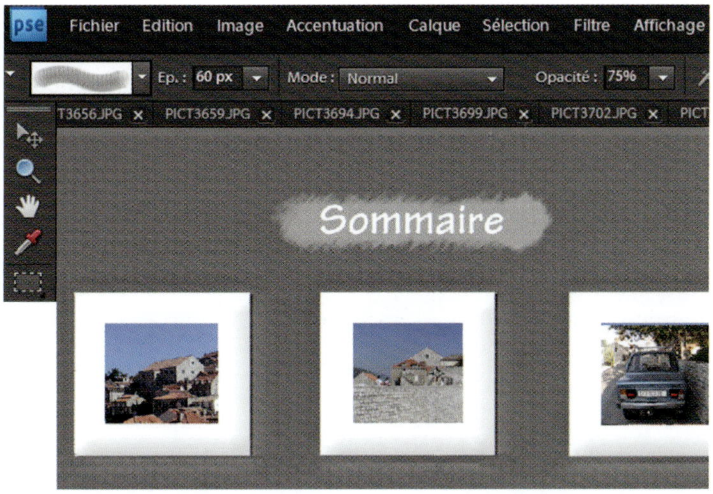

07 SOMMAIRE

Sur l'autre face de la jaquette, entrez le mot Sommaire en utilisant la même police, avec une taille de 24 pts, également en blanc. Activez maintenant l'outil Pinceau (B), choisissez la forme d'outil Naturel 60 avec une épaisseur de 60 px et donnez un coup de Pinceau sur le titre. Modifiez l'Opacité à 75 %. Dans l'onglet Édition> Maxi> Contenu, choisissez par types et cadres dans les listes déroulantes disponibles. Disposez neuf exemplaires du cadre blanc de base de 40 px, puis redimensionnez-les en cliquant dessus afin d'obtenir des carrés de taille uniforme. Glissez-déposez vos photos à l'intérieur.

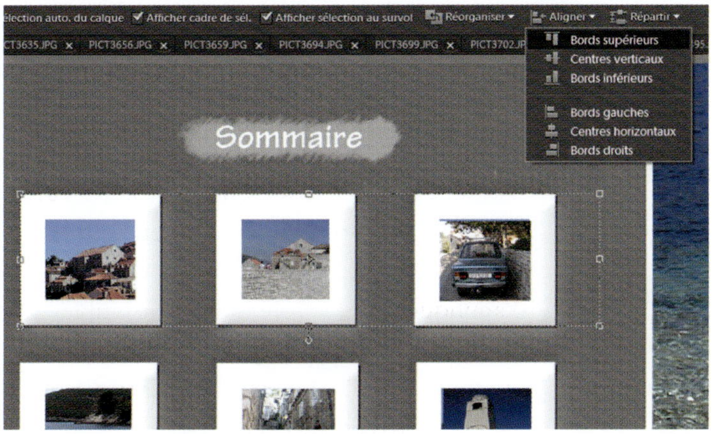

08 ALIGNER LES VIGNETTES ET LE TEXTE

Sélectionnez les vignettes de la première ligne en maintenant la touche Ctrl/Cmd enfoncée, puis choisissez l'option Aligner> Bords supérieurs. Renouvelez l'opération pour les autres vignettes en les sélectionnant à chaque fois par groupes de trois. Entrez le texte correspondant à chaque thème sous chaque vignette et alignez-les sur le même principe.

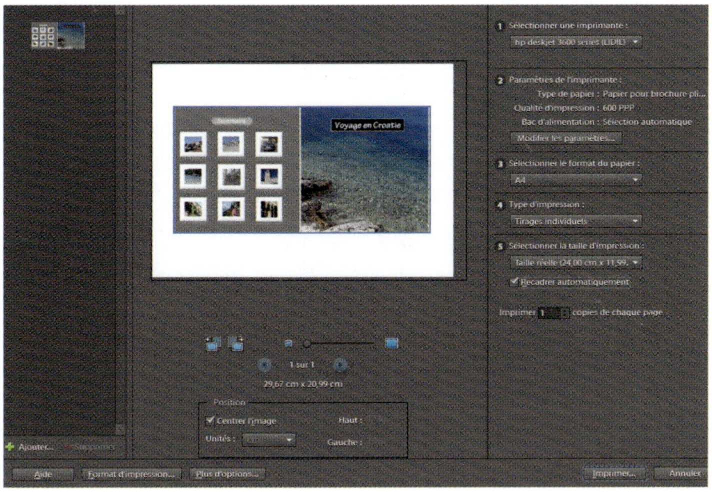

09 IMPRIMER LA JAQUETTE

Quand vous êtes satisfait du résultat, imprimez votre jaquette avec Fichier> Imprimer. Sélectionnez une imprimante et un type de papier. Les autres paramètres ont été automatiquement configurés par Photoshop Elements. L'impression s'effectue sur un papier au format A4. L'image est automatiquement centrée et recadrée.

CARTON D'INVITATION

Personnalisez les modèles de Photoshop Elements.

Annaëlle Perra
Touche à tout passionnée de photo et de graphisme, Annaëlle est entièrement autodidacte. Elle s'intéresse plus particulièrement aux logiciels Photoshop, Photoshop Elements et Flash.

On trouve de nombreux thèmes dans la dernière mouture de Photoshop Elements – pour créer des calendriers, des albums photo –, mais il n'existe pas de carton d'invitation "prêts à l'emploi". Photoshop Elements dispose néanmoins de thèmes pour créer des cartes de vœux, que nous allons détourner afin de réaliser une invitation pour un goûter d'anniversaire d'enfant.

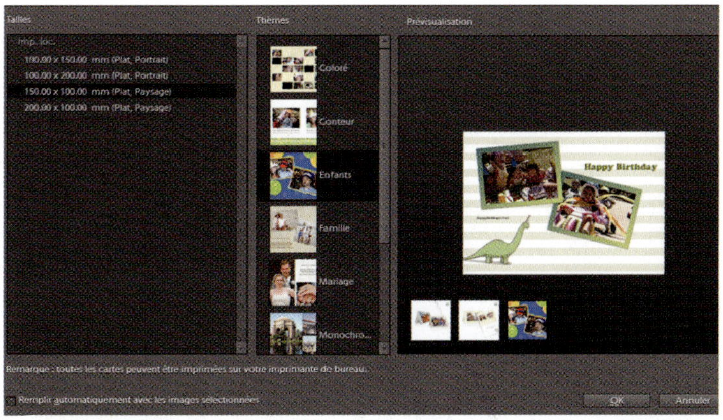

01 CHOISIR UN MODÈLE

Ouvrez l'éditeur Photoshop Elements. Activez l'onglet Créer et sélectionnez Carte de vœux. Sélectionnez le format 20 x 15 cm et le thème Enfants. Décochez la case Remplir automatiquement avec les images sélectionnées. Validez. La carte apparaît avec deux emplacements pour y ajouter des photos.

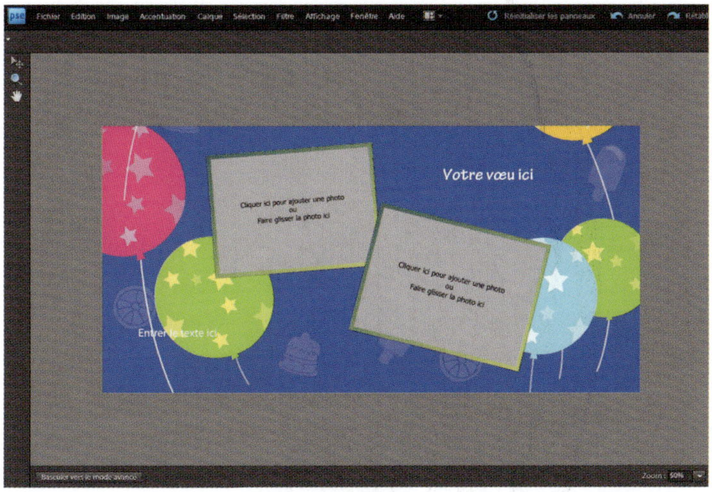

02 PERSONNALISER LE THÈME

Nous souhaitons conserver ce thème mais sans les photos. Sélectionnez l'outil de Déplacement puis cliquez sur chaque cadre correspondant aux photos. Appuyez sur la touche Suppr afin de les effacer. Si vous ne souhaitez pas conserver les dimensions par défaut du modèle, vous pouvez à cette étape redimensionner le carton d'invitation depuis le menu Image> Recomposition.

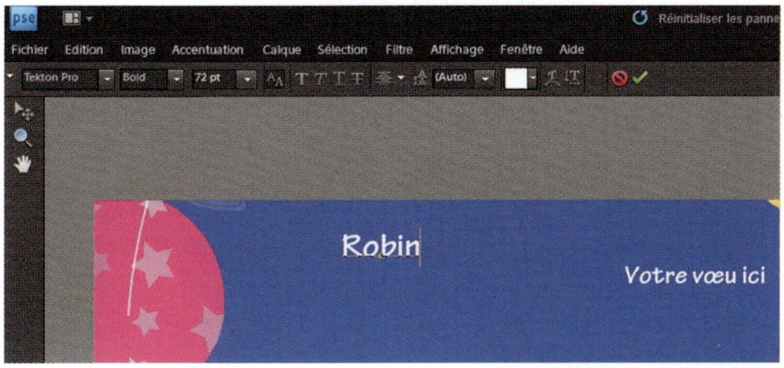

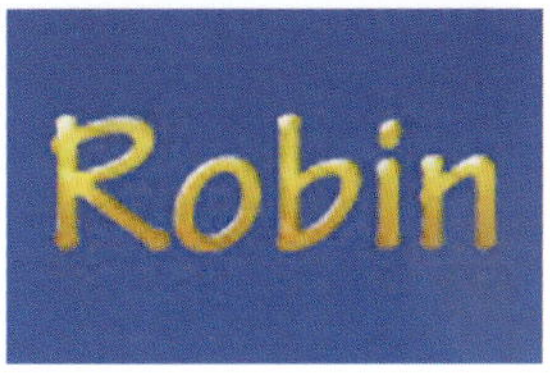

03 INSÉRER DU TEXTE

Des blocs de texte par défaut sont également disponibles à l'intérieur du modèle. Dans la section Texte, cliquez sur Ajouter un bloc Texte. Entrez le prénom de l'enfant qui organise la fête. La police utilisée est Tekton Pro, avec un style gras et une taille de 72 pts. Activez l'outil Déplacement et placez le prénom en haut du document.

Avec la souris, sélectionnez le prénom afin qu'il apparaisse en surbrillance. Ouvrez le panneau Styles et double-cliquez sur l'effet Dégradé jaune moyen. Vous pouvez remplacer facilement un effet par un autre en double-cliquant dessus. Si vous n'êtes pas satisfait du résultat obtenu, cliquez sur le bouton Annuler situé en haut de page.

04 BLOC TEXTE

Activez l'outil Déplacement et agrandissez le bloc Texte en tirant sur la poignée à droite. Déplacez maintenant le bloc Texte du haut à côté du prénom. Double-cliquez à l'intérieur et entrez la suite de votre texte. Si celui-ci est trop long, un retour à la ligne est automatiquement effectué, vous pouvez alors diminuer la police ou agrandir le bloc Texte.

05 EFFETS AVANCÉS

Depuis la section Texte, ajoutez un nouveau bloc Texte. Entrez votre texte en utilisant la même police, avec une taille de 90 pts. Affichez le panneau Styles et choisissez cette fois l'effet Contour. Depuis le panneau Texte, vous pouvez très facilement ajouter des effets de déformation en cliquant sur le bouton Défor.texte. Sélectionnez un style, le type d'inflexion, puis ajustez l'inflexion et le type de déformation à votre convenance. Validez pour appliquer l'effet ou faites Annuler pour revenir au texte.

06 MODE DE BASE ET MODE AVANCÉ

Nous ne souhaitons pas déformer notre texte, mais il va être souligné pour mieux ressortir sur le carton d'invitation. La barre d'outils n'est pas disponible dans le mode de base. Pour passer en mode avancé, cliquez sur le bouton Basculer vers le mode avancé. Vous revenez à l'interface d'édition classique de Photoshop Elements.

07 COUP DE CRAYON

Sélectionnez l'outil Crayon (N). Choisissez une forme d'outil carrée, une épaisseur de 8 pixels, un mode Normal. Placez-vous sous le texte. Une boîte de dialogue apparaît afin de simplifier le texte. Validez pour continuer. Maintenez la touche Maj enfoncée pour effectuer un trait droit sous le texte, puis déplacez doucement la souris pour créer un effet zigzag. Pour finaliser le carton d'invitation, entrez le texte avec le lieu et vos coordonnées.

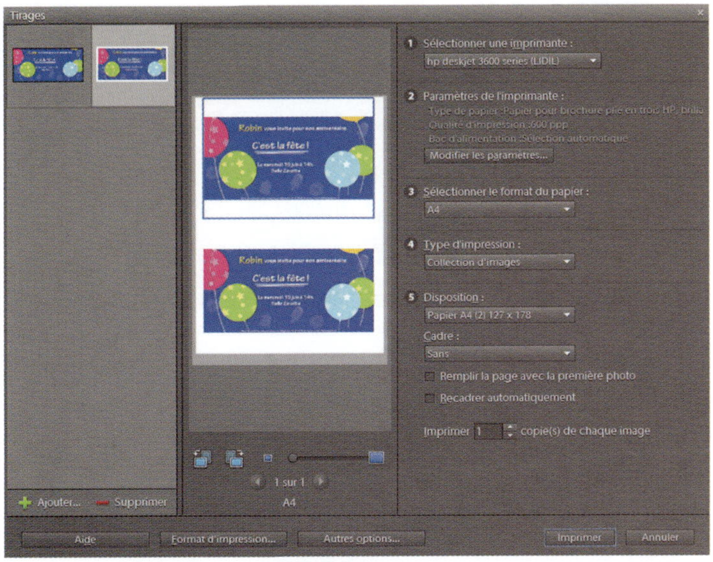

08 IMPRIMER L'INVITATION

Aplatissez de nouveau l'image avec Calque> Aplatir. Enregistrez-la. Choisissez Fichier> Imprimer.
Dans la section Paramètres de l'imprimante, cliquez sur Modifier les paramètres afin de définir le type de papier (brillant, mat, cartonné, etc.). Sélectionnez un papier A4 puis, dans Type d'impression, sélectionnez Collection d'images. L'espace Elements Organiseur apparaît à l'écran. Sélectionnez votre invitation. Deux invitations par page pourront ainsi être imprimées.

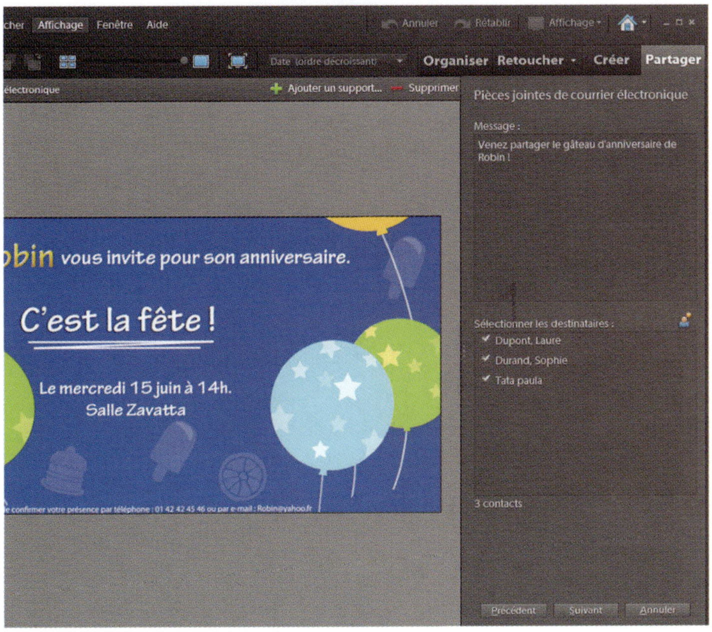

09 ENVOYER L'INVITATION PAR E-MAIL

Depuis l'Organiseur, sélectionnez votre invitation, cliquez sur l'onglet Partager, puis pièces jointes. La photo est automatiquement convertie au format .jpeg, avec une taille maximum de 800 x 600 px par défaut que vous pouvez modifier. Choisissez un niveau de qualité pour l'enregistrement. Plus il est élevé, plus le poids de l'image est important et inversement. Une estimation du poids de l'image apparaît. D'une manière générale, avec une connexion haut débit, évitez toute pièce jointe supérieure à 1 Mo. Entrez votre message et l'adresse e-mail de vos contacts. Le logiciel de messagerie s'ouvre automatiquement, le mail est prêt à être envoyé avec votre invitation en pièce jointe.

GALERIE POUR LE WEB

Step By Step

Annaëlle Perra
*Touche à tout passionnée de photo et de graphisme, Annaëlle est entièrement autodidacte.
Elle s'intéresse plus particulièrement aux logiciels Photoshop, Photoshop Elements et Flash.*

Optimisez et partagez vos images en ligne.

Photoshop Elements ne permet pas seulement de retoucher ses images, c'est aussi un outil de publication en ligne intuitif qui permet de créer très facilement un album sur le Web. Principal avantage : la possibilité de visualiser vos photos depuis n'importe quel ordinateur connecté à Internet, afin de rendre vos photos accessibles à vos proches et à votre famille.

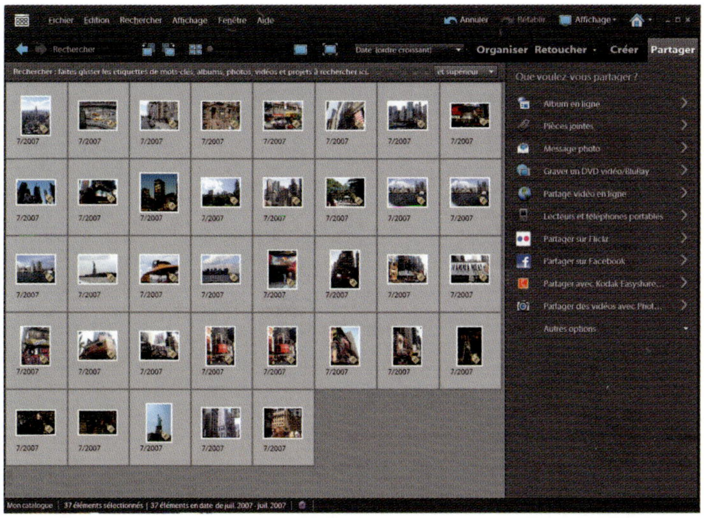

01 SÉLECTION DES FICHIERS

Sélectionnez les photos à importer dans l'Organiseur en cliquant dessus, tout en maintenant la touche Ctrl/Cmd enfoncée. Si vous souhaitez importer de nouvelles photos, activez la commande Fichier> Obtenir des fichiers et des vidéos. Choisissez ensuite la source à partir de laquelle importer vos images (scanner, disque dur, carte mémoire, etc.). Il est également possible d'insérer des vidéos dans un album en ligne créé avec Photoshop Elements, à condition qu'elles soient au format .flv, le format propriétaire de Flash. Privilégiez des fichiers peu volumineux (inférieurs à 30 Mo environ), afin que le chargement ne soit pas trop long avec une connexion haut débit. Lorsque vos photos sont sélectionnées, cliquez sur l'onglet Partager> Album en ligne.

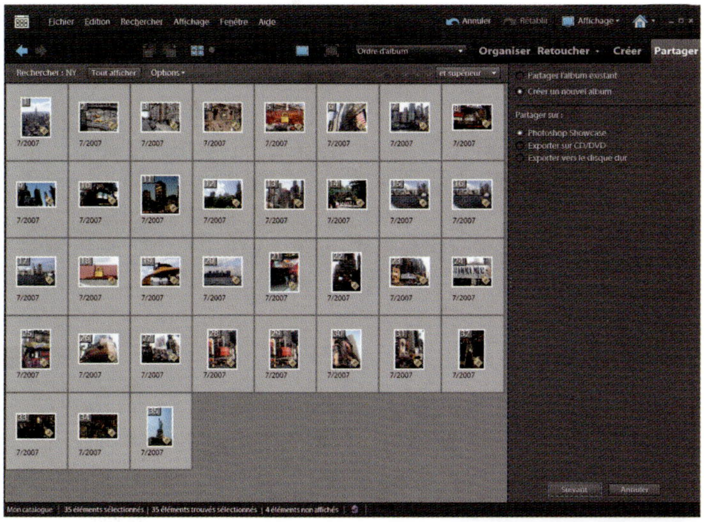

02 CHOIX DU SUPPORT

Créez un nouvel album avec les images à publier, puis sélectionnez le support auquel est destiné votre album en ligne. Vous pouvez au choix opter pour Photoshop Showcase, un export CD/DVD, ou un export vers le disque dur. Le site Photoshop Showcase permet aux utilisateurs de Photoshop Elements de déposer gratuitement leur album. Si vous souhaitez publier votre album sur votre propre site, un blog ou un autre support en ligne, sélectionnez l'option Exporter vers le disque dur. Cliquez sur le bouton Suivant.

03 AJOUT ET SUPPRESSION D'IMAGES

Entrez le nom de votre album puis sélectionnez éventuellement une catégorie d'albums, si vous en avez déjà créée une. L'onglet Contenu affiche l'ensemble des images sélectionnées. À cette étape, vous pouvez encore ajouter ou supprimer des images et des vidéos si vous le souhaitez. Pour ajouter une image, glissez-déplacez-la vers l'onglet Contenu ou cliquez dessus, appuyez ensuite sur le bouton + situé en bas du panneau Contenu. Pour supprimer une image, sélectionnez-la dans le panneau Contenu et cliquez sur le bouton -.

04 INSÉRER UNE LÉGENDE

Double-cliquez sur une image ou cliquez sur la petite étiquette violette située dans le coin inférieur droit de l'image, pour lui ajouter une légende. Vous pouvez insérer une légende écrite ou une légende audio, mais celles-ci restent facultatives. En cliquant sur l'icône Ajouter une personne manquante, vous pouvez identifier le nom des personnes présentes sur l'image. Ces légendes seront ensuite affichées automatiquement au sein de votre album photo.

05 RETOUCHE EXPRESS

Depuis l'Organiseur, vous pouvez à tout moment revenir à l'éditeur Photoshop Elements afin d'effectuer une retouche sur vos images. Cliquez avec le bouton droit de la souris sur la photo à corriger et sélectionnez Retoucher avec Photoshop Elements. Depuis l'onglet Edition> Rapide, vous pouvez corriger grâce aux réglages prêts à l'emploi : le contraste, la luminosité, les couleurs, mais aussi la netteté et ajouter des effets spéciaux.

06 UN ALBUM, PLUSIEURS THÈMES

Lorsque vous avez terminé de sélectionner vos images, cliquez sur le bouton Terminer ou sur l'onglet Partage. Photoshop Elements crée automatiquement un aperçu d'album à partir d'un thème défini par défaut. Mais vous disposez de nombreux autres modèles accessibles depuis la barre défilante située en haut de page. Dans la liste de sélection de modèle, vous pouvez tout afficher ou choisir une catégorie (Amusant, Classique, Famille, etc.).
Si vous avez importé des vidéos dans votre album, seuls cinq thèmes seront disponibles. Pour les afficher, cochez la case Modèles vidéo uniquement. Pour appliquer un thème, double-cliquez dessus.

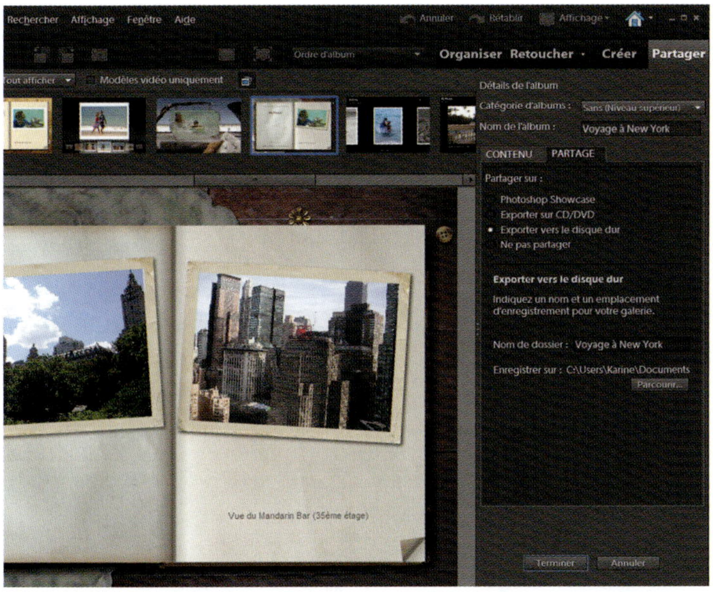

07 EXPORTATION SUR LE DISQUE DUR

Dans l'onglet Partage, choisissez le nom du dossier dans lequel doit être exporté l'album et son emplacement. Par défaut, l'album est enregistré dans le dossier de l'utilisateur (\Users\Nom\Documents...), mais vous pouvez opter pour un autre emplacement en cliquant sur le bouton Parcourir. Validez en cliquant sur le bouton Terminer. Après export de votre galerie photo, un répertoire est créé avec l'ensemble des fichiers nécessaires. Pour lancer votre album en ligne, cliquez sur le fichier index.htm. Si vous souhaitez publier votre album en ligne, il suffit de transférer ce répertoire à la racine de votre site Web à l'aide d'un logiciel FTP.

08 INSCRIPTION SUR PHOTOSHOP SHOWCASE

La publication en ligne sur Photoshop Showcase est gratuite, à condition de disposer d'une version complète de Photoshop Elements et de s'enregistrer sur le site. Après avoir enregistré vos coordonnées et choisi un mot de passe pour accéder à votre compte, cliquez sur le bouton Suivant. Nommez votre galerie. L'affichage peut être public ou privé. Entrez les adresses e-mail de vos proches – afin de leur envoyer automatiquement un message avec l'adresse URL de votre galerie – ou bien cochez la case Tout le monde (affichage public).

09 MISE EN LIGNE SUR PHOTOSHOP SHOWCASE

Le téléchargement des fichiers prend une à plusieurs minutes, selon le nombre de photos de votre galerie. Lorsque le chargement est terminé, un e-mail est immédiatement expédié aux personnes dont l'adresse e-mail a été précédemment spécifiée. Si vous avez choisi l'affichage public, cliquez sur le lien www.photoshopshowcase.com et identifiez-vous. Vous pouvez gérer vos albums en ligne. Les visiteurs qui parcourent votre galerie peuvent l'évaluer mais aussi laisser des commentaires sur vos photos.

UN DIAPORAMA AVEC VOS PHOTOS

Step By Step

Annaëlle Perra
Touche à tout passionnée de photo et de graphisme, Annaëlle est entièrement autodidacte. Elle s'intéresse plus particulièrement aux logiciels Photoshop, Photoshop Elements et Flash.

Réalisez un film à partir de vos images.

Des centaines de clichés numériques s'entassent sur votre ordinateur et il est impossible de tous les imprimer. Pourquoi ne pas en faire profiter famille et amis lors d'une soirée photo, en réalisant un diaporama de vos plus beaux clichés ? Vous pourrez regarder votre diaporama sur un ordinateur ou même sur un téléviseur, après l'avoir gravé sur VCD ou DVD.

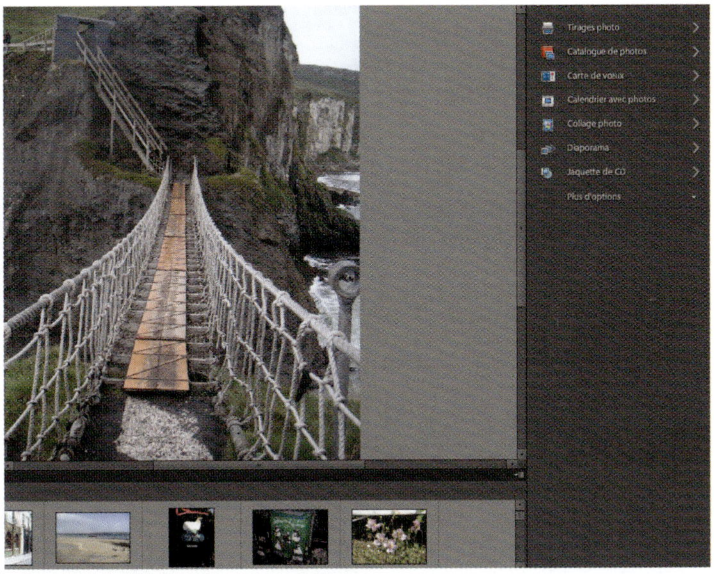

01 IMPORTER LES PHOTOS

Ouvrez l'éditeur Photoshop Elements et sélectionnez les photos à utiliser dans le diaporama avec la commande Fichier> Ouvrir. Maintenez la touche Ctrl/Cmd enfoncée afin de sélectionner plusieurs images.

Vos photos apparaissent dans la corbeille des projets.

Si vous souhaitez qu'elles apparaissent dans un ordre précis, renommez-les préalablement, afin de simplifier par la suite la réalisation du diaporama.

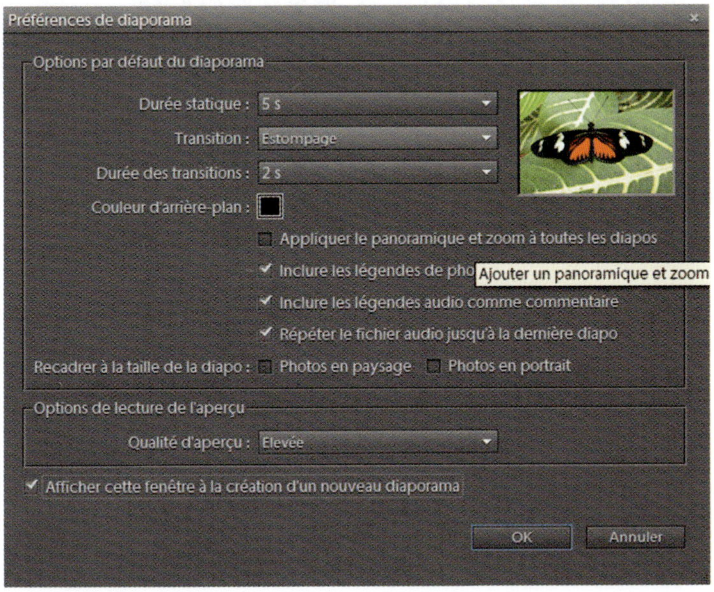

02 PRÉFÉRENCES DU DIAPORAMA

Activez l'onglet Créer> Diaporama. Elements Organiseur s'ouvre automatiquement, avec la fenêtre de préférences du diaporama. Choisissez la durée d'affichage de chaque image, le type de transition qui s'appliquera à toutes les images, la durée des transitions, de 1 à 5 secondes, ainsi que la couleur d'arrière-plan. Vous pouvez ou non inclure les légendes des images en cochant/décochant les cases correspondantes. Si vos photos n'ont pas la même taille, le résultat risque d'être un peu disparate. Dans ce cas, cochez la case Photos en paysage ou Photos en portrait. Sélectionnez ensuite la qualité de l'aperçu. Plus elle est élevée, plus le poids du diaporama sera important. Validez.

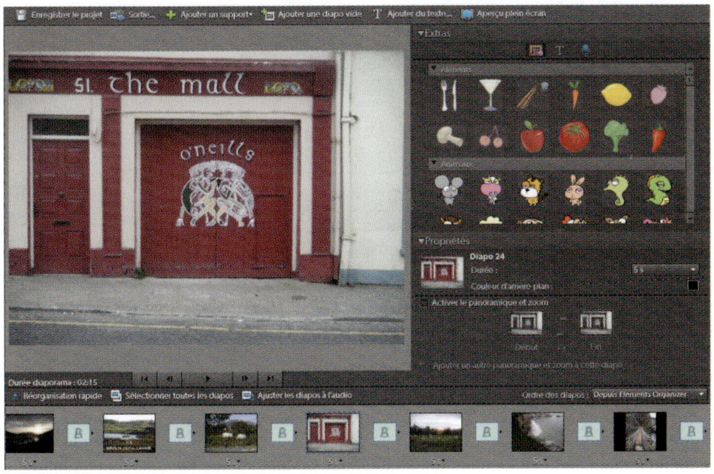

03 CRÉER LE DIAPORAMA

La fenêtre de création du diaporama s'affiche à l'écran. Vous pouvez visualiser un aperçu du diaporama en cliquant sur le bouton Lecture. Vos photos s'enchaînent avec la durée et le type de transition indiqués lors du choix des préférences. Pour visualiser une à une vos photos, cliquez sur les flèches correspondantes.

Un aperçu global du projet est disponible au sein de la barre défilante située en bas de page.

04 CADRES ET ARRIÈRE-PLAN

Pour ajouter un cadre, descendez jusqu'à la section Cadres, dans le panneau Extras, puis glissez-déplacez le cadre de votre choix vers la diapositive. Ajustez sa taille à l'aide du curseur accessible dans la section Propriétés, puis réglez ses dimensions avec les poignées de redimensionnement, en les étirant vers l'intérieur ou l'extérieur. Des illustrations d'arrière-plan sont également proposées. Glissez-déplacez l'image choisie, puis cliquez avec le bouton droit dessus et choisissez Arrière-plan dans le menu contextuel. La couleur d'arrière-plan est remplacée par l'image sélectionnée. Celle-ci ne s'applique qu'à la diapositive en cours et non à l'ensemble du diaporama.

05 CLIPARTS, ORNEMENTS ET BULLES DE BANDE DESSINÉE

La fenêtre Extras inclut également de nombreux cliparts – mais aussi des bulles de bande dessinée, des cadres et des ornements de scrapbook –, afin de personnaliser votre diaporama. Pour ajouter un clipart, glissez-déplacez-le vers la diapositive. Vous pouvez le placer sur la photo ou autour de celle-ci. Vous avez la possibilité, si besoin, de déplacer votre photo sur la diapositive en cliquant dessus. Pour ajouter une bulle de BD, glissez-déposez-la à l'endroit souhaité puis activez l'outil Texte.

06 INSÉRER DU TEXTE

Dans la fenêtre Extras, cliquez sur l'icône Texte. Sélectionnez un style de texte puis cliquez sur le bouton Ajouter du texte. Placez le curseur à l'endroit souhaité et entrez votre texte. Vous pouvez modifier sa couleur, son alignement, sa taille et sa police depuis la fenêtre de propriétés. Une option Ombre portée est également disponible. Cliquez sur le bouton Modifier le texte, après l'avoir sélectionné, pour y apporter des corrections.

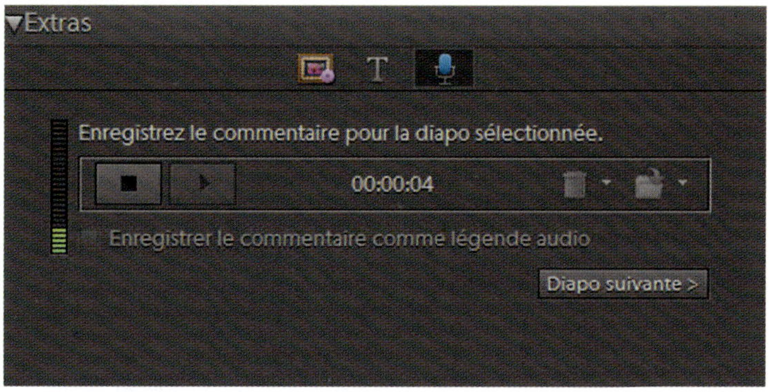

07 AJOUTER DES COMMENTAIRES AUDIO

Photoshop Elements permet d'ajouter du son à votre diaporama, notamment sous forme de commentaire audio, enregistré directement depuis l'interface de création du diaporama. Cliquez sur l'icône Commentaire audio située à côté de l'icône de création de texte. Assurez-vous que votre micro est branché et, pour démarrer l'enregistrement, cliquez sur le bouton symbolisé par un point rouge. Pour passer d'une photo à l'autre, cliquez ensuite sur le bouton Diapo suivante.

08 FOND MUSICAL

Pour ajouter de la musique au diaporama, cliquez sur le lien Ajouter de l'audio au diaporama situé sous la barre défilante des images. Les principaux formats reconnus sont les formats MP3, WAV, WMA, etc. Vous pouvez ajuster la durée du morceau à celle de votre diaporama en cliquant sur le lien Ajuster les diapos à l'audio.

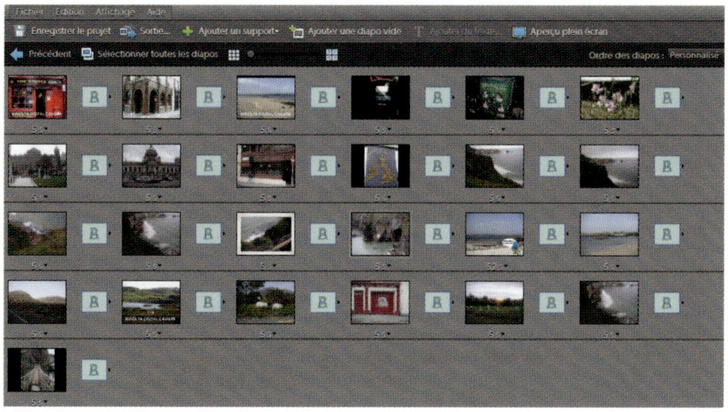

09 RÉORGANISER LES DIAPOS

Pour modifier l'ordre d'apparition des diapositives, glissez-déplacez-les à l'endroit de votre choix dans la barre défilante des images. En cliquant sur Réorganisation rapide, une nouvelle fenêtre apparaît, afin de mieux visualiser les vignettes. Pour changer la transition d'une image à l'autre, cliquez sur la petite flèche blanche à côté de son icône et sélectionnez une nouvelle transition.

10 ENREGISTRER LE DIAPORAMA

Si, par la suite, vous souhaitez apporter des modifications à votre diaporama, sauvegardez-le en cliquant sur le bouton Enregistrer le projet. Avant de l'exporter, cliquez sur le bouton Aperçu plein écran pour le visualiser sur votre ordinateur. Appuyez sur la touche Esc pour revenir à l'interface de Photoshop Elements.

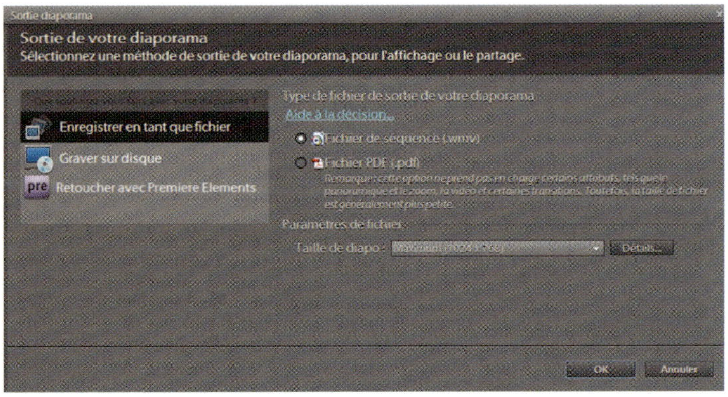

11 EXPORTER LE DIAPORAMA

Afin de partager et publier votre diaporama, cliquez sur le bouton Sortie. Trois options sont disponibles. Vous pouvez enregistrer le fichier sous forme de vidéo WMV, de fichier PDF, mais aussi de VCD ou DVD. Pour chaque option, différentes options d'enregistrement sont proposées afin d'adapter le ratio qualité/poids au support.

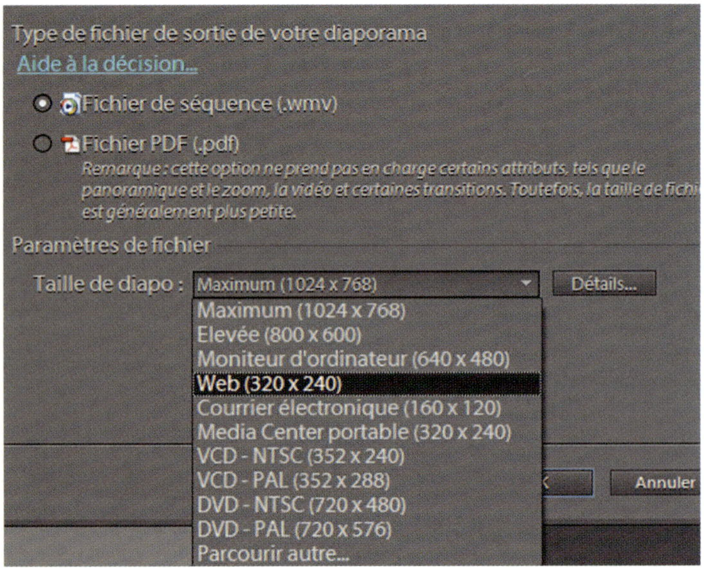

12 PUBLICATION SUR LE WEB

Si vous souhaitez publier le diaporama sur un blog ou un site Web, optez pour le format de fichier séquence WMV. Dans la liste déroulante des paramètres de fichier, optez pour l'option Web. Si vous souhaitez partager le diaporama par e-mail, optez pour le paramètre Courrier électronique. Les chiffres entre parenthèses spécifient les dimensions de la vidéo.

13 DIAPORAMA PDF

Le principal avantage du diaporama PDF est son poids, relativement beaucoup plus réduit que la vidéo. De plus, le PDF peut être lu de façon universelle dans n'importe quel navigateur récent, sans plugin additionnel. À noter, néanmoins, que certains effets tels que l'effet panoramique ou le zoom ne sont pas supportés au format PDF. Tout comme les fichiers vidéo, différentes tailles de fichiers sont proposées, de 640 pixels de large à plus de 1 600 pixels, pour la taille la plus grande. Généralement, une taille de 1 040 pixels de large s'avère suffisante, compte tenu de la résolution de la plupart des écrans. Pour lancer automatiquement le diaporama, cochez ensuite l'option Boucle.

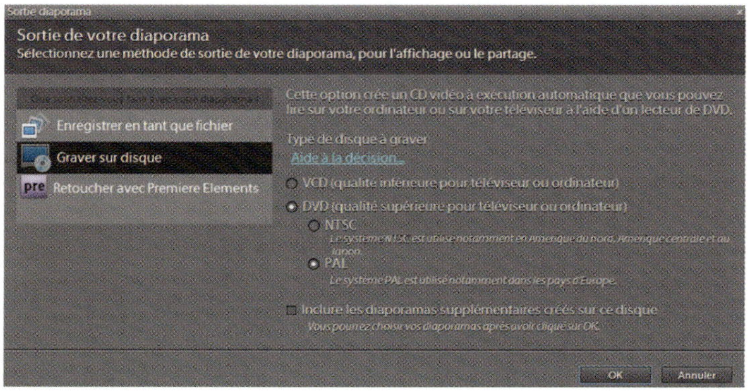

14 OPTIONS DE GRAVURE

Photoshop Elements propose de graver un DVD de votre diaporama au format VCD ou DVD, pour une lecture sur télévision ou ordinateur. Le format VCD propose une qualité inférieure pour un poids beaucoup plus léger. Si vous souhaitez visualiser votre diaporama sur ordinateur et que votre configuration n'est pas très puissante, cette option s'avèrera satisfaisante. Pour une lecture sur télévision, choisissez le format DVD PAL, qui permet une visualisation sur un lecteur DVD européen.

15 INSÉRER UN MENU

Si vous possédez Premiere Elements, la vidéo y est automatiquement exportée après avoir sélectionné l'export sur disque. Parmi les modèles disponibles, vous pouvez choisir un menu pour votre diaporama. Visualisez un aperçu du résultat avant de lancer la gravure de votre diaporama sur DVD.

INDEX

DISPONIBLES DANS NOS COLLECTIONS

SAVOIR TOUT FAIRE AVEC PHOTOSHOP

Tutoriels - VOLUME 1
Collectif

Montage et effets spéciaux
par Julien Debove

Retouche photo
par Hervé Cafournet

Effet de texte
Collectif

Dessin et peinture numérique
Collectif

Webdesign
Collectif

Science-fiction
Collectif

Tutoriels - VOLUME 2
Collectif

Personnages humains
Collectif

Bande dessinée
Collectif

Créatures surnaturelles
Collectif

Retouche photo - VOLUME 2
par Hervé Cafournet

SAVOIR TOUT FAIRE POUR LE WEB

Avec les CSS
par Julien Debove

SAVOIR TOUT FAIRE EN 3D

Avec Blender
Collectif

HORS SÉRIE

Les 500 meilleures
applications
pour votre iPhone
VOLUME 1
Collectif

Les 500 meilleures
applications
pour votre iPhone
VOLUME 2
Collectif

SAVOIR TOUT FAIRE AVEC WINDOWS 7

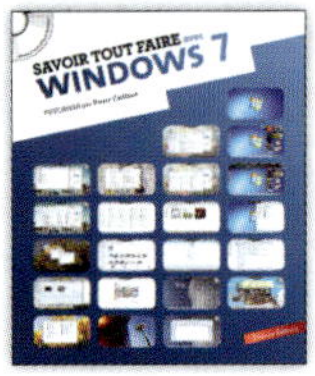

Tutoriels
par Pierre Caillault

SAVOIR TOUT FAIRE AVEC OFFICE 2010

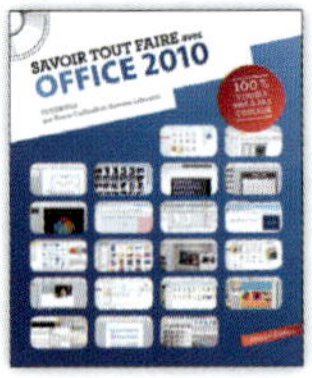

Tutoriels
par Pierre Caillault
et Damien Labourot

SAVOIR TOUT FAIRE

iPad
Vos premiers pas
par Mathieu Lavant

Univers Apple
Tous les produits,
tous les usages
par Thierry Maurel

Cet ouvrage a été composé en Helvetica, Bembo et Roti Serif
et achevé d'imprimé en avril 2011 chez IME, en France.
Fabrication CD MPO en Espagne

ISBN 978-2-3614-5024-3
Dépôt légal avril 2011